Periodismo deportivo
Fundamentos teóricos

José J. Sánchez Aranda

EDICIONES UNIVERSIDAD DE NAVARRA, S.A.
PAMPLONA

© 2025. José J. Sánchez Aranda
Ediciones Universidad de Navarra, S.A. (EUNSA)
Campus Universitario • Universidad de Navarra • 31009 Pamplona • España
+34 948 25 68 50 • www.eunsa.es • eunsa@eunsa.es

ISBN 978-84-313-4065-0
DL NA 1784-2025

Imprime: Podiprint

pain – Impreso en España

Periodismo deportivo
Fundamentos teóricos

José J. Sánchez Aranda

EDICIONES UNIVERSIDAD DE NAVARRA, S.A.
PAMPLONA

© 2025. José J. Sánchez Aranda
Ediciones Universidad de Navarra, S.A. (EUNSA)
Campus Universitario • Universidad de Navarra • 31009 Pamplona • España
+34 948 25 68 50 • www.eunsa.es • eunsa@eunsa.es

ISBN 978-84-313-4065-0
DL NA 1784-2025

Imprime: Podiprint

Printed in Spain – Impreso en España

Cupón para la Biblioteca Virtual

Accede a la versión eBook de este título por solo **1,99 €**. Con la compra de este librc puedes utilizar el siguiente cupón para la lectura en *streaming**** desde la Biblioteca Virtual. **Sigue estas instrucciones** para visualizar tu libro:

1. Dirígete a la web de la Biblioteca Virtual **https://ebooks.eunsa.es/library**.

2. En la web ve a **Iniciar sesión** e introduce tu email y contraseña. Si no estás registrado, deberás completar el proceso en **Registrarse**.

3. Tras registrarte, accede a la página del libro o lee el QR de esta página. Bajo el precio podrás **insertar el código oculto en el siguiente cupón** para activar la promoción.

Despegue para visualizar

Acceso directo al eBook

Canjéalo en ebooks.eunsa.es

*Con acceso a internet desde cualquier navegador.

Colección: Apuntes

Índice

Introducción

La selección española de baloncesto ganó su primer Mundial en 2006, en el Mundial de Japón. La final fue el 3 de septiembre de 2006, en Saitama, contra Grecia (que había eliminado a Estados Unidos en semifinales). España ganó de forma contundente: 70-47.

Fue un momento legendario, el primer oro mundial absoluto para el baloncesto español, arrancado a pulso en tierras lejanas. La final se convirtió en una gesta aún mayor al librarse sin Pau Gasol, su líder caído en la batalla de semifinales.

Cuando la expedición victoriosa regresó a España, la ciudad se volcó en un recibimiento solemne en el Palacio de los Deportes de Madrid. Allí, ante un público enardecido, el seleccionador Pepu Hernández se alzó para pronunciar palabras destinadas a la inmortalidad.

Alzó la voz, la contuvo con un silencio cargado de presagios, y gritó con furia contenida y dolor convertido en estandarte: "¡Por mi padre...! ¡Por el baloncesto!". Aquella frase no era sólo un homenaje personal, era un sacrificio convertido en legado. Su padre había muerto apenas días antes de la final, pero él se mantuvo firme al lado de sus jugadores hasta el fin del torneo, forjando así un vínculo de acero entre el luto y la victoria.

La pausa fue un abismo que contuvo el mundo. Y cuando llegó el grito de "¡baloncesto!", se sintió como un trueno de orgullo colectivo. Fue el momento en que el dolor se transformó en gloria, en que la tristeza se redimió con un triunfo compartido. Un instante suspendido en el tiempo que unió la herida íntima con la celebración de un país entero. Desde entonces, esas palabras retumbaron como un lema eterno en la memoria del deporte español.

En paralelo, hay una frase mítica. La frase no es sofisticada ni pretende serlo. El entrenador del Real Madrid Boškov la usaba para explicar con ironía y sencillez la naturaleza imprevisible del fútbol. Por ejemplo, cuando le preguntaban por un resultado extraño, un error arbitral o una jugada absurda, respondía: "Fútbol es fútbol". Con ello quería transmitir: el fútbol no siempre tiene lógica, no todo se puede explicar. Es un recordatorio de la humildad con que hay que afrontar este deporte.

La frase se hizo famosa. Suena obvia, pero tiene un punto filosófico: resume la complejidad y la imprevisibilidad del juego en la más simple de las tautologías. El personaje de Boškov era muy carismático. Tenía fama de ser campechano, directo y gracioso, con otras frases míticas como "Penalty es cuando árbitro pita" o "Mejor perder un partido por nueve goles que nueve partidos por un gol". En España, "Fútbol es fútbol" se convirtió en muletilla mediática, usada por entrenadores y periodistas para zanjar debates complicados con humor.

En el fondo, la frase se sigue citando porque encapsula algo esencial del fútbol: su capacidad de escapar a explicaciones perfectas.

Pues, lo que viene a continuación se resume en: Periodismo Deportivo es Periodismo y Deportivo.

Peculiaridades del Periodismo Deportivo

Cabe decir que es un lugar común afirmar que el deporte juega un papel destacado en la sociedad actual. Una de las frases célebres que muestra esto es la del que fuera entrenador del Liverpool, Bill Shankly: "El fútbol no es cuestión de vida o muerte, sino algo mucho más importante". Esta como cualquier exageración suele tener un punto de ironía, para llamar la atención, si bien hay que reconocer que expresa la actitud de muchos aficionados. Quienes se dedican al Periodismo Deportivo no pueden obviar esta realidad y, como veremos con más detalle en los capítulos siguientes, comprender esta realidad es básico para entender por qué el Periodismo Deportivo se diferencia de otras modalidades informativas.

El deporte se ha convertido en un fenómeno imparable. Lo que antes era territorio exclusivo de unos pocos privilegiados que corrían detrás de una pelota en campos polvorientos, hoy mueve pasiones, masas y cantidades enormes de dinero. Desde el siglo XX, la fiebre deportiva ha ido en aumento, contagiando hasta a quienes no pueden distinguir un fuera de juego de un pase entre líneas. Como resultado, los medios de comunicación han pasado de ser meros testigos a convertirse en los grandes protagonistas de la industria, influyendo en competiciones, financiando acontecimientos y elevando a los deportistas al estatus de semidioses.

El Periodismo Deportivo no es simplemente un escaparate de goles y estadísticas; es un espectáculo en sí mismo. La "post-televisión" ha revolucionado la manera en que consumimos información deportiva, y hoy en día, quien no sigue el deporte por televisión, lo hace por "streaming", redes sociales o podcasts conducidos por fanáticos que gritan más fuerte que los entrenadores en el banquillo.

1. Atractivo del Periodismo Deportivo

¿Quién no ha soñado con viajar por el mundo, asistir a los mejores partidos desde una cabina VIP, entrevistar a grandes estrellas y, encima, recibir un buen sueldo por ello? Pues bien, el Periodismo Deportivo promete todo eso... y luego te despiertas. La realidad es que ser periodista deportivo implica madrugones, cierres de edición infernales y perseguir declaraciones de jugadores que apenas sueltan monosílabos. Además, hay que dominar la investigación, la rapidez de reacción y la capacidad de convertir un 0-0 aburridísimo en una historia apasionante.

Aun así, es una profesión con muchas satisfacciones. Es un campo en crecimiento, aunque con una competencia feroz. En España, hay cuatro diarios deportivos (**Marca**, **As**, **Sport** y **Mundo Deportivo**) que venden más que muchos periódicos generalistas, y la radio y la televisión reservan amplios espacios a la información deportiva. En la era digital, el Periodismo Deportivo ha evolucionado a un universo multicanal, con redes sociales, blogs y plataformas de "streaming" que permiten seguir un partido hasta en el ascensor.

¿Qué hace tan atractivo el Periodismo Deportivo? Su capacidad para generar emociones, polémicas y debates. Si la política puede ser aburrida y predecible, el deporte es una telenovela de giros inesperados con héroes, villanos y remontadas épicas. Eso sí, ser un buen periodista deportivo implica encontrar el equilibrio entre "periodista" y "deportivo". No se trata solo de gritar "¡GOOOOL!" con entusiasmo, sino de saber contar historias con rigor y creatividad.

2. Crecimiento espectacular desde los años 80

En España, el Periodismo Deportivo vivió una auténtica explosión en los años 80 con dos grandes referentes: José María García y el diario **Marca**. García revolucionó la radio nocturna con su estilo directo y su programa "Supergarcía en la Hora Cero", que mantuvo en vela a miles de oyentes cada noche. Al mismo tiempo, **Marca** resurgió de una crisis aplicando una fórmula eficaz: sensacionalismo, madridismo y titulares impactantes, lo que lo llevó a convertirse en el periódico más vendido del país.

"Supergarcía en la Hora Cero" fue un programa radiofónico deportivo emitido en España, conducido por José María García, y es considerado un hito en la historia del Periodismo Deportivo del país. Se emitía de madrugada y alcanzó una gran audiencia a pesar de su horario, convirtiéndose en un fenómeno mediático desde los años 80 hasta principios de los 2000.

Podría definirse como un espacio radiofónico pionero e influyente que revolucionó la información deportiva en España con un estilo combativo, directo y sin concesiones, centrado en entrevistas, exclusivas y análisis crítico del deporte nacional, especialmente del fútbol.

García utilizaba un tono incisivo, a menudo polémico, y no dudaba en enfrentarse a dirigentes, entrenadores o periodistas, lo que le ganó fama, seguidores fieles... y enemigos. Su estilo marcó escuela y creó un modelo de radio deportiva nocturna que luego seguirían otros programas, como "El Larguero" o "El Partidazo de COPE".

El éxito de **Marca** en los años 80 se debió a una combinación de estrategia editorial audaz y conexión emocional con una amplia audiencia. En un momento de crisis para el diario, se apostó por un estilo más sensacionalista, con titulares impactantes, enfoque directo y un marcado sesgo madridista, lo que atrajo a una gran masa de lectores afines al Real Madrid. Además, supo capitalizar el creciente interés por el fútbol y otros deportes, ofreciendo una cobertura constante y accesible. Su capacidad para adaptarse a los gustos del público lo convirtió en el periódico más vendido del país en unos meses.

La llegada de las televisiones privadas a España en los años 90 supuso un punto de inflexión en la forma de consumir y entender el deporte. Hasta entonces, la cobertura deportiva estaba limitada a los medios públicos y a unas pocas franjas horarias, pero con el desembarco de cadenas como Antena 3 y Telecinco, el deporte comenzó a ocupar un lugar central en la programación. Las televisiones privadas entendieron rápidamente el enorme potencial comercial del deporte: atraía audiencias masivas, fidelizaba espectadores y ofrecía contenidos emocionales, competitivos y fácilmente serializables.

A partir de ese momento, el deporte se convirtió en un producto estrella. Las cadenas comenzaron a pujar por los derechos de retransmisión de las principales competiciones, lo que dio lugar a contratos millonarios que transformaron radicalmente la industria. Los clubes pasaron a depender en gran medida de los ingresos televisivos, y las ligas se adaptaron a los horarios y exigencias de las emisiones. Al mismo tiempo, los periodistas deportivos ganaron presencia en platós y programas especializados, y la figura del comentarista deportivo se popularizó. Este nuevo ecosistema convirtió al deporte en un fenómeno transversal, capaz de unir entretenimiento, negocio e información.

Las televisiones privadas no solo ampliaron la difusión del deporte, sino que lo profesionalizaron aún más y lo integraron en el corazón de la cultura mediática contemporánea. Desde entonces, la relación entre deporte y televisión ha sido constante, influyente y fundamental para el crecimiento del espectáculo deportivo tal como lo conocemos hoy. Las televisiones comenzaron a financiar clubes, generando ligas más profesionales y contratos millonarios, y estrechando el vínculo entre deporte y medios.

No podemos dejar de mencionar un hito en la historia del deporte español. Las Olimpiadas de Barcelona 92 representaron un punto de inflexión trascendental en la percepción y el valor de los Juegos Olímpicos como contenido mediático. Antes, eran un evento deportivo de gran magnitud, pero Barcelona 92 elevó su estatus a contenido estrella global. La impecable organización, el éxito deportivo de España y las espectaculares ceremonias de apertura y clausura generaron una audiencia masiva y un impacto emocional sin precedentes.

Este evento consolidó la capacidad de las Olimpiadas para atraer a anunciantes, generar derechos de transmisión lucrativos y capturar la atención mundial durante semanas. Barcelona 92 demostró el potencial de los Juegos como un escaparate cultural y deportivo de primer orden, marcando un antes y un después en su explotación mediática y comercial a nivel global.

Desde el punto de vista deportivo, los Juegos Olímpicos de Barcelona 1992 supusieron un punto de inflexión en el desarrollo del deporte español por varias razones clave. En primer lugar, marcaron la consolidación de España como una potencia organizadora de eventos internacionales, con su notable capacidad logística, tecnológica y de infraestructura. La transformación urbana de Barcelona no solo modernizó la ciudad, sino que dejó un legado duradero en instalaciones deportivas de primer nivel, muchas de las cuales siguen activas. Además, el éxito deportivo español en esos Juegos —con un total de 22 medallas, 13 de oro— fomentó un renovado interés y apoyo institucional al deporte. Esto se tradujo en mayores inversiones en programas de formación, centros de alto rendimiento y una política de detección de talentos más estructurada. También cambió la percepción del deporte en la sociedad, impulsando su práctica entre jóvenes y aumentando la profesionalización de muchas disciplinas. Desde entonces, el deporte español ha crecido en competitividad y prestigio internacional.

Gracias a todos estos factores, medios de comunicación y deporte han mantenido una relación simbiótica que ha moldeado la forma en que consumimos información y entretenimiento. Los medios necesitan al deporte porque garantiza audiencias masivas, despierta pasiones y genera contenido constantemente, ideal para llenar espacios en prensa, radio, televisión e Internet. Por su parte, el deporte utiliza a los medios para amplificar su impacto, llegar a nuevos públicos y atraer patrocinadores, lo que se traduce en más ingresos y visibilidad. A pesar de las críticas –como la excesiva mercantilización o la pérdida de objetividad– esta alianza sigue siendo fundamental. Sin los medios, el deporte perdería difusión; sin el deporte, los medios perderían uno de sus pilares informativos más potentes.

3. La mala opinión acerca del Periodismo Deportivo

A pesar de su impacto, el Periodismo Deportivo no siempre goza de buena reputación. En muchas redacciones se le ve como un género menor, más cercano al entretenimiento que al periodismo serio. Algunos creen que cualquier aficionado con Twitter puede hacer el trabajo de un periodista deportivo, lo que ha llevado a que algunos profesionales sean infravalorados. Esta percepción ignora la complejidad de un campo que no solo informa, sino que también educa, analiza y construye narrativas con enorme alcance social.

El Periodismo Deportivo recibe críticas por su tendencia al sensacionalismo y la falta de rigor informativo. A menudo prioriza el espectáculo sobre el análisis profundo, buscando titulares llamativos que atraigan audiencia en lugar de ofrecer información verificada y contextualizada. Se exageran conflictos entre deportistas, se alimentan rumores y se explotan emociones, relegando el enfoque crítico y equilibrado. Además, el uso excesivo de opiniones personales y la dependencia de fuentes no contrastadas comprometen la calidad del contenido. Esta superficialidad contribuye a una visión distorsionada del deporte y limita su potencial educativo y cultural en la sociedad.

Sin embargo, cubrir el deporte con rigor no es tarea sencilla. Requiere conocimiento especializado, dominio del lenguaje, capacidad de análisis y una formación adecuada. No basta con saber cuántos goles ha metido Messi o qué zapatillas usa LeBron; un buen periodista deportivo debe conocer el contexto, las reglas y los entresijos de cada disciplina para ofrecer información de calidad. También debe ser capaz de contrastar fuentes, mantener la ética profesional y no caer en la trampa de la parcialidad o el sensacionalismo, algo especialmente complicado en un entorno dominado por la inmediatez y las redes sociales.

En definitiva, el Periodismo Deportivo es mucho más que comentar partidos. Es una ventana a historias de superación, rivalidades épicas y emociones a flor de piel. A través de sus crónicas se construyen ídolos, se inmortalizan momentos y se genera una memoria colectiva compartida. Y aunque a veces se le critique por su falta de objetividad o su exceso de espectáculo, lo cierto es que sin él, el deporte no sería lo mismo. De hecho, gran parte del valor simbólico y emocional del deporte se sostiene gracias a cómo se cuenta. Por eso, reivindicar el Periodismo Deportivo es también reconocer su valor cultural y comunicativo.

4. Algunos rasgos específicos del Periodismo Deportivo

Sin duda, el Periodismo Deportivo es singular, por la especificidad de la actividad deportiva. Entre los rasgos más característicos cabe señalar los siguientes aspectos, que se señalan a continuación.

4.1. Se trata de una actividad agónica atrayente

Es decir, los eventos deportivos tienen tal relevancia y calibre que interesan y llaman la atención de miles de personas. Los números hablan por sí solos. En diciembre de 2019, un estudio que publicaron **La Vanguardia** y **El País** aseguraba que el Clásico (en nuestro país es el partido que enfrenta al Fútbol Club Barcelona contra el Real Madrid) se ha convertido en el mayor espectáculo deportivo del mundo, "capaz de reunir a 650 millones de espectadores frente a los televisores de más de 180 países". Era un acontecimiento deportivo más seguido que la Super Bowl. Según diario Marca, La Super Bowl de 2020 registró el "rating" más bajo de los últimos diez años, con 98,2 millones de espectadores en la cadena CBS de Estados Unidos. En total, fue seguida por 1007 millones de personas en todas las plataformas. En el año 2015 estaba el récord en 1144 millones de audiencia.

Además, como consecuencia de ese carácter agónico el vocabulario que utilizan los especialistas en información deportiva incluye muchos términos que se emplean en situaciones de lucha o en ambientes bélicos. Algunas portadas de **Marca** incluyen titulares como los siguientes: "En son de paz" (trata de Piqué y su situación en la selección española). Otro ejemplo: "Pega, Sufre, Gana". (Las iniciales de cada palabra están distinguidas en otro color y se puede leer PSG. Hace referencia a un encuentro entre el Real Madrid y el PSG).

4.2. La actividad deportiva tiene una tónica positiva

El deporte es juego y este es diversión. En edades tempranas, el deporte ha sido un medio de evasión, donde los más pequeños disfrutan de pasar tiempo agradable con sus amigos. Es decir, el deporte se convierte en una actividad lúdica en la que los más jóvenes crecen como personas, se marcan unas metas personales o comunes si se trata de un deporte de equipo. Por otra parte, se adquieren valores fundamentales para otros aspectos de su vida como pueden ser la amistad, la empatía y la disciplina. Asimismo, está demostrado que la práctica de ejercicio es sinónimo de un cambio positivo en el humor de las personas, ya que llevar a cabo alguna actividad física libera endorfinas y cuyo efecto es sentir mejor al deportista, se siente relajado y más lleno de vitalidad. Para muchas personas, tanto la práctica de deporte como la contemplación de un espectáculo deportivo es un momento donde se reduce la ansiedad, el estrés acumulado a lo largo del día y los pequeños problemas diarios. También cabría señalar que el deporte tiene una tónica positiva porque se ha convertido en un espectáculo en el que se ha establecido una simbiosis perfecta entre deportista y espectador.

Cuando el equipo favorito gana o consigue su objetivo, afecta directamente a la actitud del aficionado. En el caso de las victorias la tónica positiva es muy clara, pues esta se amplifica. El aficionado, en el momento del triunfo está eufórico y siente la necesidad de compartir esa alegría con su familia, con sus amigos, incluso en el trabajo. Afecta a la persona: aumenta el buen carácter y propicia el optimismo. Además, los días previos a la celebración, antes de que se sepa cuál es el vencedor, ya hay momentos de ilusión, admiración y fascinación.

Podríamos decir que, aunque hay niveles de estrés antes de acudir a un evento deportivo, esa sensación es deseada. Ejemplo de una portada de **Marca**: "MARC" (eliminan la A de su nombre para que haga referencia a Marc Márquez. El titular es: "¡Choca esos cinco!". En la foto que acompaña al texto se puede observar al piloto con la mano abierta mostrando sus cinco dedos. Estos hacen referencia a que ha conseguido el título de campeón del mundo por quinta vez).

4.3. Siempre trata de logros personales

Los lectores quieren leer información sobre deportistas concretos. Los logros de los deportistas, tanto de aquellos que practican un deporte individual como los de aquellos que lo hacen junto a sus compañeros, los convierten a muchos en ídolos de masas y en leyendas. Por su carisma, por su carácter o temperamento y, sobre todo, por su calidad y sus triunfos o hazañas, permanecen en la retina de distintas generaciones como personas que han cambiado el rumbo de un deporte concreto e incluso de la historia de un país. Así pues, en España, un país donde el deporte ocupa un lugar principal, es preciso destacar a varios deportistas que, su propia figura se ha convertido en una marca y un modelo para los ciudadanos.

Entre ellos, son dignos de señalar a: Rafa Nadal, los hermanos Gasol (Pau Gasol y Marc Gasol), Iker Casillas, Marc Márquez, Andrés Iniesta, Mireia Belmonte, Seve Ballestero, Jon Rham, Carolina Marín, Xavi Hernández, Alberto Contador, Javier Fernández, Ona Carbonell, Juan Carlos Navarro, Garbiñe Muguruza, Alejandro Valverde, Raúl González Blanco, Talant Dujshebaev, Carlos Alcaraz…

Además, lo que ocurre con estas figuras es que no solo son noticia en lo que respecta a su faceta deportiva, sino que alrededor de ellos los aficionados buscan cada día saber más detalles acerca de su vida personal que puedan afectarles o tengan una relación con la actividad en cuestión.

4.4. El Periodismo Deportivo presenta una gran amplitud temática

Tantos campeonatos o tantos tipos de deporte cuentan con una gran y diversa audiencia. La variedad es casi infinita, por lo que conviene agrupar en secciones distintas modalidades que, al mismo tiempo, integran muchas otras variantes. Hay deportes acuáticos, como pueden ser: surf, natación, waterpolo, piragüismo, buceo, remo, salto de trampolín, Windsurf, vela o apnea.

También hay deportes aéreos, como, por ejemplo: paracaidismo, "puenting", parapente, ala delta o aeromodelismo. Por otro lado, existen los deportes de agarre: escalada, judo o halterofilia. También los deportes con animales: hípica, pesca, polo, carreras de caballos o "musing" (carreras de trineos).

Además, también conviene señalar los deportes de atletismo, tanto los que tienen que ver con el salto atlético como los relacionados con el lanzamiento: relevos, vallas, fondo, larga distancia, velocidad, salto de longitud, con pértiga o jabalina, lanzamiento de peso o disco.

Por otro lado, cabe destacar la presencia de múltiples deportes de motor, tanto de automovilismo como motociclismo: rally, karting, autocross, trial, Snocriss o motocross. También hay muchos deportes donde se utilizan bicicletas o monociclos: BMX, ciclismo en pista o en montaña o ciclismo artístico.

Es abultado el número de modalidades en las que los atletas pelean cuerpo a cuerpo, uno contra uno, es decir, los deportes de combate: boxeo, capoeira, esgrima, karate, sumo o taekwondo. También ocupan una categoría independiente los deportes que se basan principalmente en la fuerza muscular: culturismo, corta de troncos o "crossfit". Dentro de estos podría señalarse un sub-grupo que requiere, además de mucha fuerza, resistencia y habilidad atlética como, por ejemplo, la halterofilia.

Quizá los más conocidos sean los deportes de equipo: baloncesto, fútbol, balonmano, hockey sobre patines, rugby o béisbol. Por otro lado, están los deportes de mesa: ajedrez, billar o póker. Poseen un gran atractivo los deportes de nieve: esquí alpino, de fondo, combinación nórdica, "Ski Jumping" o "snowboard". Otro grupo son los deportes que emplean patines: hockey patines, patinaje sobre ruedas tradicionales, patinaje sobre patines en línea. Siguiendo esta misma línea, existen también varios deportes en los cuales se emplea una raqueta para golpear: bádminton, pádel, pelota vasca, tenis, raquetas, squash o pin pon. Algunos de los antes mencionados pueden agruparse siguiendo la característica de que emplean una tabla para apoyarse como elemento principal: "surf", "snowboard", "kiteboard" o "windsurf". Por último, es preciso señalar algunos ejemplos que se pueden calificar como deportes de tiro al blanco, es decir, cuya meta de los deportistas es golpear un objetivo: tiro con arco, "curling", dardos, golf, herradura, petanca o bolos.

En fin, esta somera relación muestra la enorme variedad de deportes que podemos encontrar.

4.5. El deporte está íntimamente relacionado con el ocio y el entretenimiento

Hablamos de "infotainment", una mezcla entre información deportiva y ocio. Félix Montaner Barranco, en su trabajo final de grado "El "infoentretenimiento" en los informativos deportivos españoles: el caso de Deportes Cuatro" (puede leerse en: *https://repositori.uji.es/xmlui/handle/10234/103695*), dice que el "infotainment", un término procedente del Reino Unido, es una tendencia que busca atraer a la audiencia mediante un determinado tratamiento de noticias: "soft news", montaje no lineal en busca del dinamismo y el acercamiento máximo del espectador a la pieza. En España tardó en llegar, pero, en la actualidad, las cadenas televisivas, sobre todo, han adoptado sus postulados y los resultados son muy exitosos.

El autor asegura que no es casualidad que las parrillas televisivas dediquen muchos minutos de programación al deporte, pues arrastra a un elevado número espectadores y, por lo tanto, aumenta la principal fuente de ingresos, que es la publicidad. En su investigación llega a la conclusión de que Deportes Cuatro, presentado por Manuel Carreño y Manolo Lama, ofrece los contenidos de una manera diferente e innovadora, convirtiéndose en el máximo exponente de esta mezcla entre información y entretenimiento. Indica que alguna de las claves del éxito es la presencia de dos presentadores absolutamente mediáticos que ocupan un puesto en la élite del Periodismo Deportivo español, destacando la interacción entre ellos. También cobran un gran protagonismo los contenidos visuales y audiovisuales que emplean para emitir información: imágenes cedidas de otros medios, imágenes cedidas de la Liga de Fútbol e incluso videos de YouTube o de redes sociales de los propios deportistas (Joaquín Sánchez reacciona ante sus partidos o sucesos que ocurren en España y ellos lo comparten, aunque no tenga nada que ver con el deporte, porque saben que es una fuente de humor). Además, realizan muchos montajes en estas imágenes o videos donde los efectos no buscan ser sutiles o pasar inadvertidos.

Muchos entienden que el periodismo solo ha de ocuparse de temas serios, en el que los periodistas siguen las prácticas periodísticas comunes. No se dan cuentan de que hay que considerar que todo, desde el periodismo profesional hasta las llamadas "noticias ligeras" e "infoentretenimiento", y actividades de apoyo como marketing, ventas de publicidad, finanzas y distribución. Sin embargo, la diferenciación de los dos conceptos de noticias importantes ("Hard News") y noticias ligeras ("Soft News") es controvertida. Se supone que el periodismo profesional hace un énfasis especial en la investigación, la verificación de datos y el interés público. Es cierto que el término noticia es bastante amplio y que los términos importante y ligera denotan tanto una diferencia en los estándares respectivos para el valor de las noticias como en los modos como deben ser abordadas.

La idea de las noticias importantes incorpora dos conceptos: seriedad (la política, la economía, el crimen, la guerra y los desastres se consideran temas serios, al igual que ciertos aspectos del derecho, los negocios, la ciencia y la tecnología) y prontitud (historias que cubren hechos actuales: el progreso de una guerra, los resultados de una votación, el estallido de un incendio, una declaración significativa, la liberación de un prisionero y un informe económico notable).

Las noticias ligeras a veces se denominan de forma despectiva "infoentretenimiento". Las características definitorias que reciben la mayoría de las críticas incluyen: temas menos serios (arte y entretenimiento, deportes, estilos de vida, "interés humano" y celebridades") y atemporales (no hay ningún acontecimiento precipitante que desencadene la historia).

Los términos "Infotainers" e "infotainment" se utilizaron por primera vez en septiembre de 1980 en una la Conferencia Conjunta de Aslib, el Instituto de Científicos de la Información. y la Asociación de Bibliotecas en Sheffield, en el Reino Unido. Los "Infotainers" formaban un grupo de científicos de la información británicos que presentaban espectáculos de comedia en sus conferencias profesionales entre 1980 y 1990. En 1983, el "infoentretenimiento" comenzó a tener un uso más popular. Por esas fechas comenzó gradualmente a reemplazar al término de "Soft News".

En 1974 se acuñó un término anterior y ligeramente diferente, "infortainment" como el título de la convención de 1974 del Intercollegiate Broadcasting System (IBS), la asociación de estaciones de radio universitarias en los Estados Unidos. Tuvo lugar del 5 al 7 de abril de 1974 en el Hotel Statler Hilton, ahora Hotel Pennsylvania. Se definió como el "nexo entre información y entretenimiento".

El "infoentretenimiento" se identifica generalmente por su naturaleza entretenida mediante el uso de gráficos llamativos, la edición de ritmo rápido, la música llamativa y el uso del sensacionalismo o la sátira.

5. La llegada de Internet al Periodismo Deportivo

Aunque más adelante se abordará este tema en profundidad, conviene destacar desde ya cómo la llegada de Internet ha transformado por completo el Periodismo

Deportivo, así como la manera en que vivimos y consumimos el deporte. Internet no solo ha amplificado las características propias de esta rama del periodismo, sino que también ha cambiado radicalmente la forma de informar, comunicar y participar.

Gracias a la red, los contenidos deportivos se han multiplicado de forma exponencial. Hoy en día encontramos medios digitales que ofrecen información constante y actualizada, perfiles oficiales de clubes y deportistas que generan contenido propio –ya sea sobre entrenamientos, competiciones o incluso aspectos personales de su día a día– y redes sociales donde todo esto se difunde y se comenta en tiempo real. Es decir, ya no dependemos exclusivamente del periodista o del medio tradicional para saber qué ocurre en el mundo del deporte.

Además, Internet ha traído consigo la inmediatez: ahora podemos seguir los eventos deportivos mientras suceden, acceder a retransmisiones en vivo mediante plataformas de "streaming" y consumir información sin horarios fijos. Ya no existen los cierres de edición; el flujo de noticias es constante y está a solo un clic de distancia, eliminando por completo la antigua espera de la prensa impresa.

También ha cambiado el modo en que accedemos a las fuentes: los periodistas pueden contactar directamente con protagonistas y expertos, y el público puede interactuar con ellos a través de redes sociales. Muchos lectores han dejado de comprar el periódico físico —como **Marca**, **As**, **Sport** o **Mundo Deportivo**— para leer las noticias desde el móvil, la tableta o el ordenador. En este nuevo entorno digital no hay límites de espacio, lo que permite integrar elementos visuales, vídeos, infografías y todo tipo de recursos multimedia que enriquecen la experiencia del lector.

Y no solo eso: el usuario se siente ahora más cerca del emisor de la información, y también más involucrado. Puede comentar, compartir, reaccionar y opinar sobre una jugada o un resultado, lo que genera una conversación constante. Finalmente, las redes sociales han hecho posible que el Periodismo Deportivo esté literalmente en el bolsillo de millones de personas que siguen las cuentas de sus medios favoritos, ya sean diarios, emisoras de radio o canales de televisión especializados. En resumen, Internet ha reconfigurado por completo el ecosistema del deporte y de su cobertura informativa.

Cómo ha afectado el desarrollo de los medios de comunicación al deporte. Simbiosis entre deporte y medios

Desde principios del siglo XX, el deporte ha dejado de ser una actividad elitista para convertirse en un fenómeno de masas. Este proceso de democratización fue impulsado en gran parte por los medios de comunicación, primero con la prensa escrita, luego con la radio y más tarde con la televisión e Internet. Los medios no solo informaron sobre las competiciones, sino que contribuyeron activamente a construir el espectáculo deportivo moderno. Como consecuencia, el deporte pasó a ser también una industria multimillonaria, donde el valor ya no depende únicamente del rendimiento físico, sino de su capacidad de generar ingresos y atención mediática.

La transformación del deporte en un negocio queda reflejada con claridad en el ranking de clubes más valiosos del mundo publicado por **Forbes** en diciembre de 2024. Los Dallas Cowboys lideran la lista con una valoración de 10.100 millones de dólares, seguidos por los Golden State Warriors (8.800 millones) y los Los Angeles Rams (7.600 millones). Los equipos estadounidenses dominan el ranking porque han desarrollado modelos comerciales sólidos donde los derechos de transmisión, los patrocinios, la venta de "merchandising" y los ingresos por entradas están perfectamente integrados. En este modelo, el espectáculo deportivo no se limita al juego: se extiende a la imagen del equipo, su proyección global y su presencia constante en los medios.

En este contexto, el fútbol europeo también figura como un actor relevante, aunque con cifras generalmente menores. El Real Madrid, el club de fútbol más valioso según **Forbes**, ocupa la posición 12 en el listado general con 6.600 millones de dólares, seguido de cerca por el Manchester United (6.550 millones) y el FC Barcelona (5.600 millones). Aunque estos clubes gozan de enorme popularidad internacional, su modelo financiero sigue dependiendo en mayor medida del rendimiento deportivo y los resultados que de una estrategia mediática tan consolidada como la estadounidense.

La dimensión económica del deporte se refleja también en los ingresos de sus protagonistas. En 2024, el golfista Jon Rahm fue el deportista mejor pagado del mundo con 218 millones de dólares, seguido por LeBron James, quien lidera la NBA con 128,7 millones anuales. Sin embargo, estas cifras no deben entenderse como un valor personal o aislado. El dinero que ganan no se basa únicamente en su talento deportivo, sino en su valor de mercado: lo que representan como marca, lo que generan en retorno publicitario y lo que permiten facturar a los equipos y patrocinadores. Por ejemplo, LeBron James no "vale" 128 millones por sí mismo, sino porque su presencia en un equipo asegura exposición global, millones de dólares en "merchandising" y contratos publicitarios. Es decir, se invierte en él porque se espera que genere más de lo que cuesta.

Este principio económico se hace aún más evidente en el caso de Dak Prescott, quarterback de los Dallas Cowboys, quien firmó un contrato récord de 240 millones de dólares por cuatro años. Su salario, el más alto en la historia de la NFL, se justifica no solo por sus habilidades deportivas, sino por el rendimiento económico que se espera de su figura dentro del ecosistema comercial del equipo. En el deporte profesional actual, los salarios no son un gasto sino una inversión: se paga por aquello que puede multiplicar los ingresos.

Así, los deportistas de élite funcionan como piezas clave en una maquinaria de mercado donde cada movimiento genera beneficios. Su imagen, sus logros y su capacidad de movilizar audiencias se convierten en activos comerciales tan valiosos como el rendimiento en el campo o en la pista. La lógica empresarial del deporte contemporáneo se rige por principios de rentabilidad, y esto ha cambiado la forma en que se negocian contratos, se construyen carreras y se valoran los talentos.

El deporte actual es inseparable de los medios y del mercado. Lo que comenzó como una forma de entretenimiento y competición, hoy es también una de las industrias más poderosas del mundo. Y en ella, cada cifra, cada contrato y cada club refleja una profunda transformación: la del deporte convertido en espectáculo y, sobre todo, en negocio.

1. El deporte como espectáculo: una nueva forma de entretenimiento global

A lo largo del siglo XX y lo que va del XXI, el deporte ha evolucionado profundamente en su forma, su función social y su significado cultural. Lo que en sus orígenes era una práctica física, ritual o lúdica con valor intrínseco, se ha transformado en un espectáculo global que moviliza emociones, audiencias masivas y cifras económicas multimillonarias. En este contexto, el deporte no es solo competencia o disciplina: es entretenimiento. Esta transformación no ha sido casual, sino resultado de múltiples factores, entre los que destacan el desarrollo de los medios de comunicación, la lógica del mercado y el deseo del público de consumir narrativas épicas, héroes modernos y emociones compartidas.

La noción del deporte como espectáculo implica mucho más que ver a dos equipos enfrentarse por una victoria. Significa que cada evento deportivo está cuidadosamente producido, empaquetado y difundido como si se tratara de una obra escénica. Hay una dramaturgia detrás de cada partido, donde los jugadores son los protagonistas, los entrenadores cumplen roles secundarios esenciales, y el público, tanto presencial como virtual, se convierte en parte activa del guion. Todo está pensado para generar una experiencia emocional intensa y colectiva.

La televisión, y luego las plataformas digitales, han sido decisivas en este proceso. A partir del momento en que los partidos empezaron a transmitirse en directo, el deporte se convirtió en un producto que debía ajustarse a las exigencias de la audiencia. Las repeticiones instantáneas, los análisis tácticos, los efectos visuales, las entrevistas post-partido y los comentaristas carismáticos no solo informan: enriquecen el relato del espectáculo. Incluso las pausas en el juego han sido adaptadas para insertar publicidad, música y entretenimiento adicional. Lo que ocurre fuera del campo es tan relevante como el resultado final.

En las ligas más exitosas del mundo, como la NFL, la NBA o la Champions League, cada jornada es tratada como un gran acontecimiento mediático. No es casual que las finales de estos torneos se preparen con semanas de antelación, incluyendo shows musicales, presentaciones especiales y una cobertura exhaustiva en todos los medios. El caso del Super Bowl es quizás el más paradigmático: es tanto un partido de fútbol americano como una experiencia cultural total que involucra música, anuncios publicitarios de altísimo coste, redes sociales y audiencias planetarias.

Pero este carácter de espectáculo no solo se manifiesta en la forma en que se produce y se transmite el deporte, sino también en cómo se construyen los ídolos deportivos. Los atletas de élite son hoy figuras mediáticas globales. Su imagen es cuidadosamente gestionada para atraer contratos de patrocinio, marcas y campañas publicitarias. Su vida personal, sus gestos y hasta sus publicaciones en redes sociales forman parte del guion del espectáculo. El caso de figuras como Lionel Messi, LeBron James o Serena Williams ilustra cómo el talento deportivo se entrelaza con el carisma y la proyección pública para consolidar un estatus de estrella.

Este fenómeno también ha transformado los estadios. Ya no son solo espacios para la práctica deportiva, sino centros de experiencia que incluyen luces, pantallas gigantes, tiendas oficiales, música, zonas de comida "gourmet" y hasta espacios interactivos para fans. Ir al estadio es, en muchos casos, asistir a una experiencia de entretenimiento integral, donde el partido es el eje pero no la única atracción.

Por supuesto, esta espectacularización del deporte tiene consecuencias. Por un lado, ha permitido la globalización de las competiciones y ha llevado consigo ingresos que sostienen proyectos deportivos ambiciosos y programas de formación de talentos. Por otro, ha generado una creciente mercantilización de los atletas, una presión mediática inmensa y una tendencia a priorizar la rentabilidad sobre la esencia deportiva. A veces, el espectáculo eclipsa al juego.

Sin embargo, también es cierto que el deporte como espectáculo ha ampliado su capacidad de conectar con las emociones humanas. Nos ofrece momentos de gloria, tragedia, redención y épica que difícilmente se encuentran en otras formas de entretenimiento. Las historias de superación, los triunfos inesperados, las rivalidades históricas y los gestos heroicos siguen siendo el núcleo emocional que atrae a millones de personas en todo el mundo. Espectáculo, sí, pero con alma.

El deporte contemporáneo ya no puede entenderse únicamente como una práctica física o una forma de competencia. Es un espectáculo total que combina narrativa, emoción, imagen y mercado. Es un producto cultural complejo que responde a las dinámicas de una sociedad que busca entretenimiento, referentes y experiencias compartidas. En ese sentido, el deporte es –y seguirá siendo– uno de los grandes escenarios donde la humanidad se representa a sí misma.

1.1. Los medios de comunicación y la popularización del deporte

La expansión del deporte como fenómeno de masas no puede entenderse sin la influencia decisiva de los medios de comunicación. Desde los primeros años del siglo XX, la prensa, la radio y, posteriormente, la televisión encontraron en el deporte un contenido de gran atractivo para las audiencias. Este interés no fue casual: el deporte ofrece emoción, competencia, historias humanas, rivalidades y momentos imprevisibles, todos elementos ideales para captar la atención del público. Los medios lo comprendieron pronto y explotaron al máximo su potencial narrativo y comercial.

En un principio, fue la prensa escrita la que abrió el camino. Los periódicos comenzaron a dedicar secciones especiales a los resultados deportivos, crónicas de partidos y perfiles de atletas. Estas páginas deportivas pronto se volvieron muy populares, ayudando a fidelizar a los lectores y a ampliar la circulación de los diarios.

Los periodistas deportivos empezaron a construir relatos apasionantes en torno a los eventos, y poco a poco, el deporte dejó de ser una actividad reservada a ciertas clases sociales para convertirse en un tema de interés general.

Con la llegada de la radio, la relación entre deporte y medios se intensificó. La inmediatez de las transmisiones en vivo transformó la forma de vivir los espectáculos deportivos. Por primera vez, las personas podían seguir en directo una carrera ciclista, un partido de fútbol o una pelea de boxeo sin estar presentes físicamente. La radio convirtió el deporte en un espectáculo compartido desde casa, desde el bar o desde cualquier rincón con un transistor. La voz del narrador se volvió un puente entre la acción y la emoción de la audiencia.

El salto definitivo llegó con la televisión. Las imágenes en movimiento multiplicaron el impacto del deporte como espectáculo. Ver los goles, los gestos, las celebraciones o los momentos de tensión hizo que millones de personas se conectaran con el deporte de una manera completamente nueva. Las cadenas televisivas vieron en el deporte un negocio extraordinario y comenzaron a pagar cifras millonarias por los derechos de retransmisión. A cambio, obtenían audiencias masivas, ingresos por publicidad y una programación capaz de generar fidelidad.

Así, los medios no solo han ganado económicamente gracias al deporte, sino que también han sido clave en su socialización. Han llevado las competiciones a todos los rincones del mundo, han convertido a los atletas en celebridades globales y han alimentado la pasión de multitudes. El deporte, a través de la prensa, la radio y la televisión, dejó de ser un hecho aislado y se convirtió en parte de la vida cotidiana de millones de personas. En definitiva, los medios han sido tanto difusores como protagonistas del auge del deporte en la sociedad contemporánea.

1.2. Los espectáculos deportivos

El deporte y los medios de comunicación forman hoy un dúo inseparable que transforma cada evento en un espectáculo global. Como en una gran producción cinematográfica, ambos se benefician mutuamente: el deporte aporta emoción y pasión; los medios, difusión y alcance. Esta relación ha revolucionado la forma en que vivimos el ocio.

En una sociedad donde el tiempo libre es cada vez más valioso, el deporte se ha convertido en el rey del entretenimiento. Los estadios se llenan como si fueran conciertos, y millones de personas siguen las competiciones desde sus hogares. Ante este fenómeno, las marcas han encontrado un escaparate ideal, patrocinando eventos y convirtiendo a los deportistas en auténticas estrellas mediáticas.

El profesionalismo ha llevado al deporte a nuevos niveles. Hoy, las competiciones son auténticas superproducciones. Los Juegos Olímpicos, la Champions League o el Mundial de Fútbol son citas marcadas en el calendario global, que atraen audiencias millonarias y generan una expectación comparable a los grandes festivales culturales.

Los medios de comunicación, especialmente la televisión, juegan un papel fundamental. Gracias a ellos, los partidos y eventos deportivos llegan a cada rincón del planeta. Las transmisiones en directo, los análisis, los documentales y las redes sociales amplifican la experiencia, permitiendo que los espectadores se sientan parte de la acción.

Esta interacción entre deporte y medios también refleja los cambios en la sociedad del ocio. El deporte se adapta, innova y se hace más accesible y espectacular. Y nosotros, como público, disfrutamos de este continuo baile de emociones. Cada partido es una historia, cada campeonato un acontecimiento que une a millones de personas. Y así, entre espectáculo y pasión, el deporte sigue conquistando corazones en todo el mundo.

2. La profesionalización del deporte

El vínculo entre el deporte y el dinero es tan fascinante como polémico. No siempre fue así: en sus orígenes, el deporte era una actividad amateur, un simple pasatiempo. Los atletas competían por amor al juego, sin esperar grandes recompensas. Ejemplos como la serie *Juego de caballeros* nos recuerdan cómo deportes como el fútbol resistían la comercialización.

Sin embargo, el tiempo trajo cambios inevitables. La profesionalización del deporte abrió las puertas a un mundo donde el dinero juega un papel clave. Patrocinios, derechos televisivos y contratos millonarios transformaron los eventos deportivos en auténticos espectáculos globales.

Pero este proceso también genera debate. ¿El dinero corrompe el espíritu deportivo? Algunos piensan que sí. Sin embargo, es innegable que la inversión económica ha elevado el nivel de las competiciones, mejorado la preparación de los atletas y acercado el deporte a millones de personas. Como en toda historia, la clave está en encontrar el equilibrio.

2.1. Los factores de la profesionalización

La sociología nos da las claves para entender esta transformación. Cuatro factores mágicos convirtieron el deporte en una profesión.

- Reconocimiento social: los deportistas tienen un reconocimiento social, su actividad es digna de admiración y respeto.

- Sueldo: los atletas dejaron de ser aficionados para convertirse en profesionales, con salarios dignos de estrellas de rock.

- Organizaciones: los clubes y asociaciones deportivas se convirtieron en poderosas entidades, defendiendo los derechos de sus miembros.

- Códigos de conducta: tienen la función de recoger las buenas y las malas prácticas, con el fin de proteger la profesión. La Carta Olímpica es un ejemplo de ello, porque estableció las reglas del juego limpio y los valores éticos que deben regir el deporte.

2.2. La organización del deporte: un mundo de clubes y estados

A medida que el deporte crecía en popularidad, surgieron dos modelos para organizarlo, como si fueran dos equipos rivales. En Gran Bretaña, los clubes deportivos tomaron la iniciativa, convirtiéndose en los auténticos dueños del balón. En otros países, fueron los estados quienes asumieron el control, dirigiendo el juego desde el banquillo y utilizando el deporte como herramienta de cohesión social o propaganda.

Con el tiempo, el profesionalismo se impuso como un gol decisivo en el último minuto. Aunque el espíritu amateur persiste en muchos rincones, hoy el deporte profesional domina el panorama, atrayendo millones de seguidores y generando enormes ingresos.

Los medios de comunicación han jugado un papel esencial en este proceso. Como árbitros del juego, han llevado la emoción de los grandes acontecimientos a cada rincón del planeta. Nos han hecho vibrar con las jugadas más memorables y nos han permitido sentirnos parte del espectáculo.

Sin embargo, este éxito también lleva consigo riesgos. La mercantilización amenaza con eclipsar los valores fundamentales del deporte. Como un jugador que busca hacer trampa, el dinero puede distorsionar la esencia del juego. Por ello, es fundamental establecer reglas claras y controles efectivos para preservar su integridad.

Ligas como la NBA o la NFL ofrecen ejemplos interesantes: han logrado rentabilizar el deporte, pero también han establecido límites salariales para evitar desigualdades extremas.

Se puede decir que el deporte y los medios continúan su apasionante partido. Una relación simbiótica que entretiene, emociona y, de vez en cuando, hace reflexionar.

3. El negocio de la Comunicación

Las competiciones deportivas son como un imán para la audiencia, y los medios lo saben. Han descubierto que el deporte vende, y vende mucho. Las empresas periodísticas se frotan las manos: el deporte es su gallina de los huevos de oro.

3.1. La publicidad y el crecimiento de los medios

Grandes tiradas, audiencias millonarias, y publicidad a raudales. Los medios buscan temas que atrapen al público, y el deporte siempre es un ganador. Millones de fans sedientos de noticias de sus ídolos, y los medios son el oasis en el desierto. Un círculo virtuoso donde el dinero fluye y el deporte se hace más grande.

La publicidad genera ingresos millonarios en el deporte. Por ejemplo, la Super Bowl de la NFL cobra más de 7 millones de dólares por 30 segundos de anuncio. En la Fórmula 1, los equipos obtienen cientos de millones en patrocinios. En el fútbol, marcas como Nike y Adidas invierten cifras astronómicas.

3.2. La idea de negocio para el mutuo beneficio del deporte y de los medios

El deporte es un negocio, y como todo negocio, necesita dinero para sobrevivir. Y los medios son sus mejores socios, si la audiencia crece, el negocio crece para ambos. Es como un juego de ajedrez, donde cada movimiento tiene su recompensa.

Los clubes profesionales son los reyes del tablero, los que impulsan la competición y exigen su parte del pastel. Quieren que los medios exploten sus contenidos, porque eso significa más dinero para ellos.

Y luego están los espectáculos deportivos, verdaderos circos mediáticos. Grandes eventos, grandes audiencias, grandes anunciantes, es como una fiesta donde todos ganan.

Y no nos olvidemos de la competitividad, el motor que impulsa este negocio. Estrellas deportivas, grandes clubes, grandes salarios. La lucha por la victoria se convierte en una lucha por el dinero. Y los medios, como buenos corredores de apuestas, aprovechan la emoción para ganar aún más.

4. Los elementos del negocio

Para sintetizar todo lo que ha aparecido hasta ahora acerca del negocio deportivo, podemos diferenciar las siguientes vías de ingresos.

4.1. Publicidad

Marcas deportivas, marcas de todo tipo, todas quieren estar en el centro del espectáculo. Anuncios en prensa, Internet, radio, televisión: una lluvia de millones que riega el mundo del deporte.

Y con las nuevas plataformas digitales, la creatividad no tiene límites. Conexiones emocionales, mensajes impactantes, el deporte se convierte en el mejor escaparate

Las campañas publicitarias en Internet y redes sociales son estrategias de comunicación diseñadas para promocionar productos, servicios o ideas a través de plataformas digitales. Utilizan formatos variados (anuncios gráficos, videos, publicaciones patrocinadas, email marketing, entre otros) y aprovechan la segmentación de audiencias para alcanzar públicos específicos con mensajes personalizados.

En Internet, estas campañas suelen ejecutarse en motores de búsqueda (como Google Ads), sitios web y correos electrónicos, buscando atraer tráfico, generar ventas o reforzar la marca.

En redes sociales (como Facebook, Instagram, X/Twitter, TikTok o LinkedIn), se centran en la interacción con los usuarios, fomentando el "engagement" (comentarios, "likes", compartidos) y aprovechando la viralidad. La capacidad de segmentar por intereses, comportamiento y datos demográficos permite optimizar los resultados y medir el impacto en tiempo real.

4.2. Patrocinio deportivo

El patrocinio en el deporte es un acuerdo comercial donde marcas financian equipos, eventos o atletas a cambio de visibilidad. Este apoyo puede incluir dinero, productos o servicios. Ejemplos destacados son Emirates patrocinando al Real Madrid, Red Bull en la Fórmula 1, o Nike con figuras como LeBron James. El patrocinio beneficia a ambas partes: las marcas ganan exposición global y los deportistas obtienen recursos para competir al más alto nivel.

Empresas que apoyan a deportistas y equipos, asociando sus marcas a los valores del deporte. Logotipos en camisetas, vallas publicitarias, ... Toda una estrategia de marketing ganadora.

4.3. "Merchandising": el "souvenir" del fan

El "merchandising" en el deporte consiste en la venta de productos oficiales relacionados con equipos, competiciones o atletas. Incluye camisetas, gorras, bufandas, balones y otros artículos que permiten a los aficionados mostrar su apoyo. Este fenómeno genera importantes ingresos para clubes y organizaciones. Por ejemplo, el

FC Barcelona o los Lakers obtienen millones anualmente por la venta de camisetas. Además, el "merchandising" fortalece el vínculo emocional entre los seguidores y sus equipos, convirtiéndose en parte esencial de la experiencia deportiva.

4.4. Derechos de transmisión

Las televisiones se han convertido en los nuevos reyes del deporte. Cadenas y plataformas digitales compiten ferozmente por los derechos de transmisión, pagando cifras astronómicas para ofrecer los eventos más populares. Este fenómeno ha transformado por completo el mundo deportivo: ahora, gran parte de su estructura y calendario gira en torno a las necesidades televisivas. El deporte ya no solo se vive en los estadios, sino que se consume, en su mayoría, a través de la pantalla.

4.5. Otras modalidades

La explotación de canchas y campos de fútbol va más allá de los partidos: se alquilan para conciertos, eventos corporativos y espectáculos, generando ingresos adicionales. Un ejemplo emblemático es el Madison Square Garden en Nueva York. Aunque es una cancha deportiva, su uso multifuncional –desde partidos de la NBA hasta conciertos de estrellas mundiales– lo convierte en un negocio altamente rentable.

La valoración de los equipos profesionales de la NBA y la NHL que utilizan el Madison, refleja su éxito deportivo, mediático y comercial. En la NBA, las franquicias son las más valiosas del deporte global. Según **Forbes** (2024), el promedio de valoración supera los 4 mil millones. Los líderes son: Golden State Warriors: 7.7 mil millones y New York Knicks: 6.6 mil millones. En la NHL, las cifras son menores pero crecientes. Los más valiosos son: Toronto Maple Leafs: 2.8 mil millones y New York Rangers: 2.65 mil millones.

Apéndice: Teorías sobre la influencia de los medios

Debido a la confluencia de dos líneas de desarrollo, como fueron la aparición de los diarios de tiradas de miles o de millones de ejemplares según países y la investigación académica de los fenómenos comunicativos, en los centros universitarios se pusieron en marcha proyectos para conocer cómo influían esos medios populares en el conjunto de la población. Esta aproximación científica centró su atención en los efectos producidos en la audiencia y concluyó que eran muy notables los cambios que producían sobre ella.

A partir de los años 40 del pasado siglo, los investigadores empezaron a poner en duda que los medios (ya no solo los impresos, sino también los audiovisuales) fueran tan eficaces y rechazaron lo que denominaron la corriente de los "efectos poderosos", para defender la limitación de esa influencia. Los estudios empíricos que llevaron a cabo demostraban que no debía exagerarse su papel en la conformación de la opinión pública.

En un movimiento de péndulo, desde los años setenta volvió a plantearse la hipótesis de que los medios tenían gran capacidad de moldear las percepciones de los usuarios. Podemos destacar dos teorías o explicaciones que se han hecho especialmente populares: la de la "Agenda Setting" y la de la "Espiral del Silencio". Ahora solo vamos a ocuparnos de la segunda.

Una teoría que resulta ilustrativa acerca de los efectos de los medios es la de la Espiral del Silencio. Fue Elisabeth Noelle-Newman quien, en el libro de 1977 que llevaba por título el mencionado, acuñó ese término, La metáfora de la espiral del silencio parte del supuesto básico de que la mayor parte de las personas tiene miedo al aislamiento y, al manifestar sus opiniones, primero tratan de identificar las ideas que circulan, para luego sumarse a la opinión mayoritaria o consensuada. En esta disyuntiva, la principal fuente de información serán los medios de comunicación y estos definirán el clima de opinión sobre los asuntos de que se trate.

Un clima de opinión es una tendencia inespecífica que decanta las tendencias hacia una determinada opción. Este clima se cristaliza en opiniones y votos. Según Noelle-Neumann, un clima de opinión actúa como un fenómeno de contagio ya que la opción aparentemente mayoritaria se extiende rápidamente por toda la sociedad. Esa espiral del silencio se formuló en una época en la que la televisión era ya un relevante medio de comunicación masivo. Por eso, Noelle-Neumann entiende que la televisión ayudó a consolidar los climas de opinión.

La opinión pública, según esta teoría, se convierte en una forma de control social, mediante la cual los ciudadanos adaptan sus comportamientos y opiniones a una determinada visión de la realidad que se muestra como mayoritaria por parte de los medios de comunicación. El temor existente a la exclusión social y la marginación que imponen los grupos dominantes a quien se atreva a plantear pensamientos alternativos, ponen en funcionamiento este efecto en espiral. De esta forma, cuanto más se difunde la visión dominante por los medios, más silencio guardan las voces contrarias al creerse en minoría, ya sea real o inducida por las élites. Esta forma de control social no es del todo efectiva e infalible, ya que puede toparse con un núcleo duro imposible de desanimar y también cabe el supuesto de que los individuos oculten sin más sus opiniones para no verse marginados socialmente.

El papel de la televisión en el modo de plantear el negocio

Un dicho popular reza: "Lo que no sale en la tele, no existe". Esta es la típica queja de los que son aficionados a deportes minoritarios. Para estos les parece injusto la prevalencia que tiene el fútbol. Ya sabemos que la televisión llega a un público amplio y este le otorga un gran poder. Si bien en el capítulo anterior este tema ya ha salido, es oportuno detallar más acerca de cómo ha influido y sigue haciéndolo, en el desarrollo del deporte. Hay que prestar atención al factor del negocio comunicativo, que suscita tantas críticas. Al respecto Emil Zatopek (conocido también como la locomotora checa, el más grande corredor de todos los tiempos, consiguió batir 18 récords mundiales y obtuvo un total de 4 medallas de oro.) ya advertía que: "Un atleta no puede correr con el dinero en sus bolsillos. Debe trabajar con la esperanza en su corazón y los sueños en su cabeza".

La televisión es el medio de comunicación social más popular gracias a su capacidad de combinar imagen, sonido y narrativa, llegando a millones de personas de forma inmediata. Desde su masificación en el siglo XX, ha revolucionado el acceso a la información y el entretenimiento. En el ámbito deportivo, su impacto ha sido profundo y transformador. La transmisión en vivo de competiciones ha permitido que aficionados de todo el mundo sigan a sus equipos y atletas favoritos, sin importar la distancia. Esto ha incrementado la popularidad de numerosos deportes y ha generado enormes audiencias globales.

Además, la televisión ha impulsado la profesionalización del deporte, atrayendo patrocinadores y elevando los ingresos de clubes y deportistas. La cobertura mediática ha creado nuevas estrellas y narrativas que trascienden el campo de juego. En definitiva, la televisión no solo ha acercado el deporte a la gente, sino que ha convertido cada evento en un espectáculo mundial.

1. Efectos del consumo de televisión

Muchos estudios han tratado de descifrar cómo la televisión influye en nosotros, y uno de los más famosos es la Teoría del Cultivo de George Gerbner. Según esta teoría, cuanto más tiempo pasamos viendo televisión, más creemos que la realidad es como nos la muestran en la pantalla. Es decir, si te pasas el día viendo películas de acción, podrías empezar a pensar que cada esquina es una escena de persecución o que cualquier persona con traje es un espía secreto.

1.1. Gerbner y la Teoría del Cultivo

George Gerbner (1919-2005) fue un influyente investigador de la comunicación. Desarrolló la teoría del cultivo, que analiza cómo la televisión moldea percepciones sociales a largo plazo. Fue decano de la Escuela de Comunicación de la Universidad de Pensilvania y pionero en estudios sobre medios, cultura y efectos sociales del entretenimiento. Esto aparece en una de sus aportaciones más conocidas: *Television and Its Viewers: Cultivation Theory and Research* (1998), libro coeditado junto a Larry Gross, Michael Morgan y Nancy Signorielli; en él recoge y sistematiza gran parte de la investigación sobre la Teoría del Cultivo.

Gerbner y su equipo investigaron cómo la televisión construye un "mundo simbólico" que nos influye desde pequeños, estableciendo normas sociales y valores. Esta teoría tiene raíces en la crítica de Adorno y se basa en métodos empíricos para analizar cómo la televisión no solo refleja la sociedad, sino que también la moldea.

Desde los años 60, la televisión se convirtió en la principal fuente de información. La prensa escrita y la radio intentaron competir, pero la fuerza visual de la televisión arrasó con todo. Y cuando hablamos de contenido visualmente impactante, el deporte se lleva el premio gordo.

Ver un partido de fútbol, un combate de boxeo o una final de baloncesto en la tele es como estar en primera fila, pero con repeticiones en cámara lenta, acercamientos a los jugadores y análisis táctico en vivo. Es más, la famosa frase "una imagen vale más que mil palabras" se queda corta cuando hablamos de las retransmisiones deportivas.

Pero la cosa no se queda solo en lo visual. La simbiosis entre televisión y deporte ha cambiado también el modelo de negocio. No es solo que los equipos busquen patrocinios lucrativos, sino que la televisión se ha convertido en su principal fuente de ingresos.

Aunque Gerbner no utilizaba explícitamente la metodología formal de Grounded Theory, su trabajo con análisis de mensajes y efectos de cultivo se basaba en una lógica de descubrimiento desde los datos empíricos hacia una teoría comprensiva sobre la televisión como agente de socialización cultural.

1.2. Los indicadores culturales

En la Teoría del Cultivo, los indicadores culturales son las herramientas que permiten medir cómo la televisión (y hoy, los medios audiovisuales en general) influye en la percepción de la realidad de los espectadores a lo largo del tiempo.

Gerbner consideraba que la televisión actúa como una "agencia de cultivo", es decir, contribuye a formar y mantener concepciones comunes del mundo. Los indicadores culturales ayudan a identificar qué imágenes, valores y mensajes predominan en los contenidos televisivos y cómo estos acaban "cultivando" una visión compartida de la realidad.

Los principales tipos de indicadores culturales son: indicadores institucionales que analizan cómo se producen y distribuyen los mensajes mediáticos, quién decide qué se emite y con qué intereses; indicadores de mensaje ("message system análisis") que estudian los patrones de representación en los contenidos, como la frecuencia de violencia, la representación de grupos sociales, estereotipos o temas dominantes; e indicadores de cultivo ("cultivation análisis"), que miden los efectos de la exposición prolongada a esos contenidos en las creencias y percepciones del público, por ejemplo, si los espectadores sobreestiman los niveles de violencia en la sociedad.

Esos indicadores culturales permiten entender qué visión del mundo transmite la televisión y cómo esta visión acaba influyendo en la percepción social.

2. La información televisiva sobre deportes

La información sobre deportes ha cobrado una importancia casi impensable, al convertirse en un fenómeno global que trasciende el entretenimiento. Los medios ofrecen cobertura constante, alimentando la pasión de los aficionados y generando un mercado multimillonario. Además, el deporte actúa como vehículo de identidad cultural, cohesión social y proyección internacional de marcas y valores.

2.1. El atractivo del deporte

El deporte es tan atractivo porque combina emoción, espectáculo e identificación personal. Ofrece narrativas de superación, rivalidad y triunfo que capturan la atención del público. Por ejemplo, la final de un Mundial de fútbol o los Juegos Olímpicos generan audiencias globales porque representan el máximo logro deportivo.

Además, permite la identificación con equipos o atletas, como ocurre con seguidores del Real Madrid o de figuras como LeBron James. El deporte también proporciona un sentimiento de pertenencia colectiva, fomentando el orgullo local o nacional. Su componente imprevisible, donde cualquier resultado es posible, mantiene la expectación constante.

Finalmente, el deporte es un lenguaje universal que une a personas de diferentes culturas y generaciones, haciendo que su atractivo sea verdaderamente global y duradero.

2.2. Ampliación temática

El Periodismo Deportivo ha experimentado un notable crecimiento no solo por el aumento constante de la información que genera, sino también por la ampliación progresiva de los temas que aborda.

Tradicionalmente centrado en la crónica de partidos y resultados, hoy cubre una variedad mucho más amplia de aspectos. Los medios informan sobre el contexto económico del deporte, como traspasos millonarios o contratos publicitarios, y sobre su dimensión social y cultural, incluyendo cuestiones de género, inclusión, sostenibilidad y activismo de los atletas.

Además, se profundiza en temas de salud, tecnología aplicada al rendimiento deportivo y aspectos legales, como el dopaje o los derechos de transmisión. Las historias humanas detrás de los deportistas también ocupan un espacio creciente, generando un relato más completo.

Este enfoque más transversal ha permitido que el Periodismo Deportivo conecte con públicos más amplios y contribuya a consolidar el deporte como un fenómeno mediático de gran relevancia global.

3. *La creciente popularidad de las retransmisiones deportivas*

La televisión ha sido la ventana del mundo para los grandes acontecimientos. Un hito clave fue la coronación de Isabel II en 1953, pero si nos centramos en el deporte, los Juegos Olímpicos y los mundiales de fútbol han sido los eventos que más audiencia han reunido a lo largo de la historia.

La tecnología ha ido de la mano con estos eventos: la televisión a color llegó con los Juegos Olímpicos de Múnich 1972, la repetición en cámara lenta se popularizó con el fútbol americano, y hoy en día tenemos gráficos de realidad aumentada, estadísticas en vivo y cámaras 360°.

Y claro, cuando millones de personas están pegadas a la pantalla, los anunciantes entran en juego. La publicidad ha convertido las retransmisiones deportivas en auténticas minas de oro. No es casualidad que los equipos piensen en cómo se verán sus uniformes en televisión o que los tiempos muertos en la NBA sean estratégicamente usados para insertar anuncios.

4. La televisión como transformadora del negocio deportivo

La televisión digital ha revolucionado el deporte a todos los niveles. Ha cambiado la forma en que consumimos eventos deportivos, permitiendo transmisiones en alta definición, múltiples ángulos de cámara y acceso bajo demanda desde diversos dispositivos. Además, ha transformado el modelo económico del deporte: los derechos de emisión se han convertido en una fuente de ingresos crucial para ligas y clubes, impulsando su profesionalización.

La televisión ha provocado profundos cambios culturales en el deporte. Ha globalizado su consumo, conectando audiencias de todo el mundo en tiempo real. Gracias a ella, competiciones y deportistas antes locales ahora tienen proyección internacional, creando ídolos seguidos por millones. Además, facilita el acceso a eventos que antes eran limitados o exclusivos. Este fenómeno amplifica el impacto social y emocional del deporte, que se convierte en un lenguaje común capaz de unir culturas y comunidades diversas.

4.1. Modelos de televisión

Existen dos grandes modelos de televisión: la televisión pública y la televisión comercial, cada una con características y objetivos diferentes.

La televisión pública está financiada principalmente por fondos del Estado, a través de impuestos o tasas específicas. Su misión es ofrecer una programación variada que sirva al interés general. Por ello, prioriza contenidos culturales, educativos, informativos y de servicio público. Busca promover valores democráticos, la cohesión social y la diversidad cultural. No depende directamente de la audiencia para su financiación, por lo que puede ofrecer programas que no siempre son populares, pero sí socialmente relevantes.

En cambio, la televisión comercial se financia principalmente mediante la publicidad y, en algunos casos, por suscripciones. Su supervivencia depende de atraer a la mayor cantidad posible de espectadores, ya que las audiencias elevadas incrementan los ingresos publicitarios. Por ello, adapta su programación a los gustos y preferencias del público. Ofrece principalmente contenidos de entretenimiento: series, películas, deportes, concursos y programas de actualidad, que generan mayor atracción masiva.

Este modelo responde a una realidad clara: la mayoría del público busca en la televisión un espacio para entretenerse y desconectar de sus preocupaciones cotidianas. La televisión comercial ha sabido entender esta demanda, ofreciendo una oferta variada y flexible para satisfacerla. Por esto, el contenido deportivo ha adquirido un papel destacado.

4.2. La televisión y las ligas profesionales

La televisión no solo ha cambiado cómo vemos el deporte, sino también cómo se financia. Durante mucho tiempo, en Europa predominó un modelo público de televisión, mientras que en Estados Unidos se apostó por un sistema comercial basado en la publicidad.

El modelo estadounidense demostró ser un éxito financiero, y poco a poco, el resto del mundo siguió sus pasos. En los años 80, la liberalización del mercado televisivo permitió la aparición de cadenas privadas que empezaron a competir ferozmente por los derechos de emisión. Resultado: los ingresos de los clubes explotaron, y el deporte pasó a depender cada vez más de la televisión.

Por su parte, hay que tener en cuenta cómo se ha ido desarrollando la organización del deporte. Las ligas profesionales deportivas surgieron impulsadas por la creciente popularidad de los deportes y la necesidad de organizar competiciones regulares. Inicialmente, muchos deportes eran practicados de forma amateur, pero el interés del público y el potencial económico llevaron a la profesionalización. Se crearon ligas estructuradas, con normas claras y calendarios oficiales. A lo largo del siglo XX, estas ligas crecieron en importancia, atrayendo grandes audiencias y patrocinadores. Hoy, son pilares de la industria deportiva global, generando enormes ingresos y promoviendo el deporte como espectáculo internacional.

Las primeras ligas profesionales en Estados Unidos surgieron a finales del siglo XIX en paralelo con la creciente popularidad del béisbol y su comercialización. Lla National League of Professional Baseball Clubs fundada en 1876 conocida como la National League es la liga profesional más antigua que aún existe y estableció un modelo estructurado para el béisbol. A esta siguió la American Association of Base Ball Clubs creada en 1882, que competía con la National League y, aunque desapareció en 1891, ayudó a popularizar el béisbol profesional.

La National Football League fundada en 1920 como American Professional Football Association y renombrada NFL en 1922 profesionalizó el fútbol americano que hasta entonces era un deporte principalmente universitario.

La National Basketball League creada en 1937 y la Basketball Association of America en 1946 se fusionaron en 1949 para formar la NBA que profesionalizó el baloncesto en el país.

Por último, la National Hockey League (NHL), fundada en 1917 aunque de origen canadiense, se expandió pronto a Estados Unidos consolidando el hockey profesional en Norteamérica estas primeras ligas sentaron las bases del deporte profesional estadounidense creando estructuras que hoy sostienen una de las industrias deportivas más influyentes del mundo.

Las ligas profesionales deportivas cumplen varias funciones clave, especialmente destacadas en el modelo de Estados Unidos:

1. Organización de competiciones: estructuran temporadas, calendarios y reglamentos para garantizar competiciones regulares y equilibradas.

2. Gestión del talento: regulan el acceso de jugadores a través de sistemas como el "draft", promoviendo la competitividad y la equidad entre equipos.

3. Protección de la marca: cada liga gestiona sus derechos de propiedad intelectual, asegurando la integridad y el valor comercial de su producto.

4. Explotación comercial: en Estados Unidos, ligas como la NFL, NBA o MLB lideran la explotación del deporte como industria. Generan ingresos mediante "merchandising", patrocinios, entradas y, de forma crucial, derechos de televisión.

5. Derechos de televisión: son la principal fuente de ingresos. Contratos multimillonarios con cadenas y plataformas de "streaming" garantizan una amplia difusión y sostienen financieramente a ligas y equipos. Este modelo ha convertido el deporte en un espectáculo global, con una estrategia de programación diseñada para maximizar audiencias.

Así, las ligas profesionales no solo organizan el deporte, sino que lo han transformado en un potente motor económico y cultural.

Actualmente, los derechos televisivos son la principal fuente de ingresos para muchas competiciones, y con la llegada de Internet, la tendencia sigue al alza. Las plataformas de "streaming" han añadido un nuevo nivel de competencia y diversificación, asegurando que el deporte siga siendo un negocio en constante evolución.

En definitiva, la televisión digital ha revolucionado el mundo del deporte en todos los niveles. No solo ha cambiado la forma en que lo consumimos, sino que ha transformado su modelo económico y su impacto cultural. Así que la próxima vez que veas un partido en alta definición desde la comodidad de tu móvil, piensa en todo el viaje tecnológico que ha hecho posible esa experiencia.

5. La televisión digital y sus repercusiones

La digitalización y los cambios en las telecomunicaciones han supuesto una auténtica revolución en el ámbito comunicativo. Específicamente, por lo que se refiere a la televisión, el proceso de innovación ha alcanzado un ritmo vertiginoso. En pocos años, lo analógico casi ha desaparecido y hemos entrado en un nuevo escenario, que algunos han definido como la era de la postelevisión. El visionado se ha deslocalizado (ya no es necesario que exista un aparato en la sala de estar para que se reúnan las personas en torno a él), la audiencia ha evolucionado del modelo familiar al individual. El concepto de programación que fija unos momentos a lo largo de la jornada en los que se emiten unos contenidos predeterminados ha quedado alterado. Ahora es posible dedicar todo el tiempo disponible a ver en las pantallas el deporte que uno desee.

Se podían seguir enunciando los cambios profundos en el modo de interactuar con los deportes desde las distintas pantallas que están a nuestra disposición. Hay diferentes maneras de acceder a los contenidos deportivos y por eso se habla de una nueva era en la evolución del medio televisivo.

Por todo esto, la televisión digital no es solo una pantalla para ver la serie favorita o el partido del domingo. Es un conjunto de avances tecnológicos que han cambiado por completo cómo se produce, transmite y recibe la señal. Antes, con la televisión analógica, las ondas eran las reinas del show, pero ahora todo se basa en códigos binarios. La transmisión es más eficiente, la calidad de imagen es muy superior, y lo mejor de todo: ahora podemos interactuar en tiempo real con lo que vemos.

Si alguien todavía duda del impacto de esta transformación, que piense en la explosión de plataformas como DAZN y en cómo ha cambiado nuestra forma de ver deportes y eventos en vivo. Ya no estamos atados a una pantalla gigante en el salón; podemos ver el contenido en distintos dispositivos, en cualquier lugar y en múltiples formatos, desde 480p hasta la Alta Definición (HD). La interactividad es la cereza del pastel: ahora podemos elegir ángulos de cámara, ver repeticiones al instante y recibir datos en tiempo real.

5.1. El caso de beIN Sports

Cuando hablamos de televisión deportiva, hay dos nombres que han sacudido el tablero con fuerza: beIN Sports y DAZN. Son como los Messi y Cristiano de las plataformas deportivas, cada uno con su estilo, pero siempre dando espectáculo.

Empecemos con beIN Sports, que nació en 2012 gracias a Al Jazeera Media Network en Francia. Sí, los cataríes ya tenían canales desde 2004, pero decidieron que era hora de ponerse en modo pro y lanzaron Al Jazeera Sports, que más tarde se convertiría en beIN Sports MENA, encargado de emitir grandes eventos para Oriente Medio y el norte de África.

Pero ojo, esto no se quedó ahí. En 2014, beIN Media Group se convirtió en un holding independiente con ganas de comerse el mundo. Primero se expandió transmitiendo la Ligue 1 francesa en 2011, luego se coló en Estados Unidos en 2012 y más tarde conquistó rincones como Indonesia, Filipinas y hasta Tailandia. Sí, beIN Sports quería estar en todos lados, y lo hizo.

Entre sus jugadas maestras está la compra de Setanta Sports Australia en 2014, la creación de un canal en HD para España en 2015 y su evolución hacia el entretenimiento y el cine. Porque claro, si ya tienes el deporte cubierto, ¿por qué no ampliar el menú?

En 2016, firmó un acuerdo con Turner Broadcasting System para transmitir canales de noticias y entretenimiento en Oriente Medio y el norte de África. Luego, empezó a rodearse de nombres grandes: BBC Studios, Warner Bros., CBS, DreamWorks Animation, Discovery... ¡como para hacer un Dream Team de los medios!

Pero la cosa no quedó solo en deportes. En 2016, beIN Media Group se dio el gustazo de comprar Miramax, el estudio detrás de películas icónicas como *Pulp Fiction* y *Kill Bill*. Sin embargo, en 2020 vendió un 49% de la compañía a ViacomCBS (sí, el negocio del cine no es para cualquiera).

En cuanto a su aventura española, beIN Sports aterrizó en 2015, reemplazando a Gol Televisión y heredando su equipo y derechos deportivos. Todo iba bien hasta que, en 2018, perdió los derechos de sus competiciones estrella como la Champions y la Europa League. La crisis fue tal que el canal cerró el 9 de agosto... pero volvió el 25 de agosto. Aunque fue solo un pequeño respiro antes de desaparecer definitivamente y vender sus derechos a Movistar+. Un final digno de una serie con múltiples temporadas y giros inesperados.

5.2. La OTT deportiva: DAZN

Si beIN Sports es el canal clásico que evolucionó con el tiempo, DAZN es el chico nuevo en la cuadra, el disruptor, el que llegó a romper esquemas con su propuesta de "streaming" puro. Es el "Netflix de los deportes" y nació con ese ADN. Se pronuncia como "Da Zone", que en inglés se dice "the zone" (la zona). El nombre en sí mismo no es un acrónimo ni corresponde a palabras que tengan un significado específico.

DAZN apareció en 2015 en Londres, impulsado por Perform Group y financiado por el multimillonario Len Blavatnik. Con 3000 empleados en más de 30 países, DAZN no llegó para ser un jugador de segunda división. Desde el primer día, apostó fuerte: planificación, producción, distribución, comercialización...

En agosto de 2016, hizo su debut en Japón, Alemania, Austria y Suiza. Luego, en 2017, aterrizó en Canadá con la NFL como su gran trofeo. En 2018, se expandió a Italia, Estados Unidos y España, conquistando a los fans a base de ligas nacionales y eventos exclusivos. En 2022, se hizo con los derechos de LaLiga española hasta 2027, compartiéndolos con Movistar+. Nada mal para un servicio que empezó desde cero.

¿Y qué se puede ver en DAZN? La oferta es digna de un buffet deportivo: LaLiga, Premier League, Serie A, Bundesliga, la Champions femenina, la UFC, boxeo, kick-boxing, el Roland Garros, el Australian Open, las grandes vueltas ciclistas... también tienen Eurosport 1 HD y 2 HD.

En 2018, Perform Group se separó en dos, dejando a DAZN como su brazo deportivo independiente. Luego, vendieron su negocio de datos a Vista Equity Partners, que lo fusionó con STATS LLC para crear Stats Perform. Un poco, pero lo importante es que DAZN siguió adelante.

En 2020, con el mundo patas arriba, DAZN decidió expandirse globalmente a 200 países, apostando por el boxeo y contenido original. Aunque la fecha de lanzamiento cambió varias veces, en diciembre de ese año finalmente dio el salto definitivo.

Desde entonces, DAZN ha cerrado acuerdos estratégicos de primer nivel: en 2021, se alió con Matchroom Boxing y la UEFA para la Champions femenina; en 2022, lanzó DAZN Bet, una plataforma de apuestas deportivas, y firmó contratos con Red Bull TV y Misfits Boxing de KSI.

En 2023, DAZN no bajó el ritmo. Se quedó con los derechos del NFL Game Pass fuera de Estados Unidos y China, compró la plataforma de fútbol femenino Ata Football y firmó un acuerdo con All Elite Wrestling (AEW). Además, tras un intento fallido de comprar BT Sport, adquirió Eleven Group, sumando aún más derechos deportivos a su cartera.

DAZN no es solo un canal: es un gigante en expansión que sigue buscando nuevas formas de revolucionar la forma en que consumimos deportes. Su modelo es claro: ofrecer deportes en "streaming" sin depender de la televisión tradicional. Y con cada movimiento, deja claro que su juego es de primera división.

La cultura del espectáculo y la función del entretenimiento en el periodismo deportivo

El deporte se inscribe en el ámbito del entretenimiento, no solo para los que disfrutan al practicarlo y también para los que lo pasan bien como espectadores. Como el Periodismo Deportivo queda incluido en ese ámbito del ocio, no resulta extraño que los medios de comunicación se hayan convertido en vehículo para fomentar el entretenimiento. Referidas al fútbol dos frases reflejan esto: "Es el ballet de las masas" (Dmitri Shostakovich) y "No es un juego, es magia" (David Beckham). Ante esta característica que se ha impuesto en la sociedad contemporánea, se ha suscitado una crítica que no acepta el escapismo que supone una actividad divertida.

1. La Sociedad del Ocio y del Entretenimiento

Cuando hablamos de espectáculos, lo primero que nos viene a la mente es una gran multitud emocionada viendo algo impresionante. Podría ser un concierto de rock, una entrega de premios... o un partido de fútbol con penaltis de infarto. Si algo puede garantizar un público masivo y entregado, ese algo es el deporte.

No es nuevo esto de reunir gente para ver cómo alguien se luce frente a miles de espectadores. En la antigua Grecia, los Juegos Olímpicos eran el acontecimiento del momento: cada cuatro años, las ciudades-estado enviaban a sus mejores atletas para ver quién lanzaba el disco más lejos o quién corría como si estuviera escapando de la policía.

Los griegos se tomaban tan en serio estas competencias que hasta contaban el tiempo en "olimpiadas" en lugar de años. Podrían decir "Mi hijo nació en la tercera olimpiada después de que Aristóteles terminara la escuela". En total, se celebraron

291 ediciones de estos juegos, y aunque hoy en día la mayoría de la gente solo recuerde las ediciones recientes, sigue siendo el espectáculo global por excelencia.

Vivimos en una sociedad donde el entretenimiento es una parte fundamental de nuestra rutina. Después de todo, la vida no es solo trabajar tanto si no podemos relajarnos viendo el último episodio de nuestra serie favorita. En los países más desarrollados, la gente cada vez le da más importancia al equilibrio entre trabajo y tiempo libre. Nadie quiere ser un esclavo de la oficina si puede estar en su casa viendo un buen partido de la Champions con una cerveza en la mano.

La sociedad del ocio nació con el crecimiento económico y el desarrollo tecnológico tras la llamada revolución industrial. A medida que las jornadas laborales se redujeron y aumentó la productividad, las personas comenzaron a disponer de más tiempo libre. Además, los medios de comunicación facilitaron el acceso al entretenimiento. Estos factores, junto con una mejora en las condiciones de vida, permitieron que el ocio se volviera una parte fundamental de la vida cotidiana.

1.1. El ocio convertido en negocio

En las últimas décadas, los avances tecnológicos han transformado profundamente la forma en que las personas disfrutan de su tiempo libre. El ocio, que antes era una experiencia simple y compartida, como contar historias alrededor del fuego o participar en juegos tradicionales, hoy se ha convertido en una industria multimillonaria que ofrece entretenimiento personalizado, instantáneo y accesible desde casi cualquier parte del mundo. Con solo un teléfono móvil y conexión a Internet, se puede ver la última película de Hollywood en un vagón del metro o seguir un evento deportivo en tiempo real desde otro continente. Esta transformación ha dado lugar a lo que muchos llaman la economía del ocio, un fenómeno donde el entretenimiento no solo ocupa un papel central en la vida cotidiana, sino que además se convierte en una fuente de ingresos y desarrollo económico para muchas industrias.

La economía del ocio surge de la mano del crecimiento económico global. A medida que más personas acceden a mejores niveles de vida, se amplía el tiempo disponible para actividades recreativas. El aumento del tiempo libre ha sido aprovechado por empresas que buscan captar la atención del público mediante una amplia gama de contenidos: películas, series, videojuegos, libros electrónicos, plataformas de "streaming", redes sociales, e incluso experiencias de realidad virtual. Así, el entretenimiento ya no es simplemente una forma de pasar el rato, sino un producto cuidadosamente diseñado para atraer, retener y monetizar la atención del usuario. Cada minuto de ocio es una oportunidad comercial para las industrias culturales y tecnológicas.

Uno de los grandes cambios impulsados por esta nueva economía es la globalización del acceso al contenido. Las fronteras físicas ya no son un obstáculo para disfrutar de eventos o productos culturales de otros países. Hoy es común ver a personas de distintas partes del mundo conectadas al mismo tiempo para ver un partido de fútbol, seguir un concierto en línea o jugar un videojuego multijugador en red. Esto ha dado lugar a una cultura del ocio compartida a nivel global, donde las tendencias se propagan rápidamente y las experiencias de entretenimiento se vuelven más homogéneas.

Sin embargo, esta realidad no se vive de la misma manera en todas partes. La posibilidad de disfrutar del tiempo libre depende en gran medida de las condiciones socioeconómicas de cada región. En los países más desarrollados, donde las necesidades básicas están mayoritariamente cubiertas, las personas pueden dedicar horas a sus aficiones, explorar nuevos intereses o simplemente descansar. En cambio, en otros contextos menos favorecidos, donde la lucha diaria por la supervivencia sigue siendo prioritaria, el ocio es un lujo inaccesible para buena parte de la población. Esta desigualdad evidencia que, aunque la tecnología ofrece herramientas para enriquecer la vida de las personas, su impacto sigue estando condicionado por factores estructurales más profundos.

El ocio ha dejado de ser una actividad marginal para convertirse en un componente esencial de la vida moderna y en una pieza clave de la economía global. La tecnología ha facilitado esta transformación, brindando nuevas formas de consumir y compartir entretenimiento. Sin embargo, también ha hecho visibles las desigualdades existentes, recordándonos que el acceso al tiempo libre y al disfrute sigue siendo un privilegio para muchos. La economía del ocio, con todo su potencial, representa tanto una oportunidad como un desafío para construir un mundo más equilibrado en el que todos puedan disfrutar de su derecho al descanso y la recreación.

1.2. La teoría crítica acerca de los espectáculos

Para desarrollar este punto es necesario hacer la referencia a un autor que se ha ocupado de este tema. Guy Debord fue un filósofo, cineasta y teórico social francés, nacido en 1931 y conocido principalmente por su obra *La sociedad del espectáculo* (1967). Falleció en 1994. Fue uno de los fundadores del movimiento situacionista, que criticaba el capitalismo, el consumismo y la alienación cultural en las sociedades modernas. Debord argumentaba que en el mundo contemporáneo la vida real ha sido sustituida por representaciones mediáticas, y que las imágenes dominan nuestra percepción de la realidad. Su pensamiento, influyó en movimientos políticos y culturales de los años 60 y sigue siendo relevante en el análisis crítico de los medios y la cultura visual.

En el mencionado libro, Debord plantea que en las sociedades modernas, la vida ha sido completamente invadida por el espectáculo, entendido no solo como entretenimiento, sino como una forma de dominación en la que la imagen, la apariencia y la representación ocupan el lugar central. Según su teoría, la realidad ha sido sustituida progresivamente por su representación, es decir, por imágenes atrayentes cuidadosamente construidas para ser vistas y consumidas.

Debord sostiene que hemos pasado por distintas fases: primero, el ser humano se centraba en el "ser", en su existencia auténtica; después, con la expansión del capitalismo, el énfasis se desplazó hacia el "tener", es decir, hacia la acumulación de bienes materiales; y finalmente, en la sociedad del espectáculo, lo más importante es el "parecer", o sea, cómo se proyecta la imagen de uno ante los demás. En este sentido, lo que cuenta no es tanto lo que uno es o posee, sino cómo se muestra, cómo se percibe desde fuera.

Las redes sociales han llevado la lógica del espectáculo a la vida cotidiana. Compartimos fotos, vídeos y opiniones no tanto para expresar algo auténtico, sino para construir una imagen idealizada de nosotros mismos. La vida se desarrolla con una cámara delante: no basta con viajar, hay que fotografiarlo; no basta con disfrutar una comida, hay que mostrarla; no basta con vivir una experiencia, hay que contar cuántos "me gusta" genera. Esta necesidad constante de visibilidad convierte la vida en una representación, donde lo importante no es la experiencia vivida, sino su validación pública.

Incluso el periodismo y la televisión han caído bajo esta lógica espectacular. Las noticias se presentan de forma sensacionalista, buscando generar impacto y audiencia más que informar de manera objetiva. Lo importante no es tanto lo que ocurre, sino cómo se cuenta, cómo se dramatiza y se convierte en un producto atractivo para el consumo masivo.

El deporte, como fenómeno social de gran alcance, se ha visto afectado por esta transformación. En muchos casos, la espectacularidad del evento deportivo, con sus luces, cámaras, música y narrativas épicas, termina eclipsando el sentido original del juego, que debería ser la competencia, el esfuerzo y la superación personal. Los atletas no solo compiten, sino que también representan marcas, estilos de vida y discursos públicos. Lo que ocurre dentro del campo muchas veces queda relegado ante lo que se transmite fuera de él.

Aunque la teoría de Guy Debord ha sido influyente y sigue siendo útil para analizar muchos aspectos del mundo contemporáneo, también ha recibido críticas por ser excesivamente pesimista, generalizadora y algo superficial.

Uno de los principales problemas de este enfoque es su tendencia a ver toda la vida social reducida a una forma de manipulación visual y alienación. Al afirmar que todo es espectáculo, Debord corre el riesgo de ignorar o minimizar la iniciativa de las personas, su capacidad de interpretar, resistir o resignificar los mensajes que reciben. Ni todos los individuos aceptan pasivamente las imágenes que se les imponen, ni todas las formas de representación son necesariamente alienantes.

Por otra parte, su visión es marcadamente negativa respecto a la cultura de masas y los medios de comunicación. Si bien es cierto que el espectáculo puede enmascarar la realidad, también puede cumplir funciones sociales positivas: entretener, educar, conectar personas o incluso visibilizar causas importantes. En este sentido, la teoría de Debord puede resultar demasiado rígida y no reconocer los matices del consumo cultural moderno.

Otro punto criticable es que su propuesta carece de soluciones prácticas claras. Si todo está dominado por el espectáculo, ¿qué se puede hacer? Su análisis deja poco espacio para imaginar transformaciones concretas o formas de resistencia efectivas. Esta falta de propuestas ha sido señalada por muchos como una limitación seria de su pensamiento.

Por último, algunos críticos sostienen que la obra de Debord refleja una nostalgia idealizada por un pasado "auténtico", anterior a los medios de comunicación, que quizá nunca existió realmente. Su crítica parte de la idea de que antes se vivía de forma más genuina, lo cual es debatible, ya que todas las sociedades han tenido formas de representación simbólica, ritual y teatral. Por esto, se puede decir que Debord acertó al advertir sobre la creciente importancia de la imagen y el consumo en la vida moderna, pero su teoría puede parecer determinista, elitista y poco adaptada a la complejidad cultural del presente.

2. El entretenimiento en el periodismo

Si algo ha cambiado con los años es la forma en que consumimos noticias. Antes, el periodismo era serio y objetivo; ahora, es un híbrido entre información y entretenimiento. Y es que, con tanta competencia por captar la atención del público, las noticias deben ser llamativas para no quedar sepultadas bajo montañas de memes virales y tendencias efímeras.

2.1. Las funciones del periodismo

Desde siempre, el periodismo ha tenido tres funciones principales: informar (decir qué pasó), formar (explicar cómo afecta) y entretener (hacer que la gente lo disfrute). Sin embargo, con el paso del tiempo, la tercera función ha ganado más protagonismo.

Desde siempre, el periodismo ha tenido tres funciones principales: informar (contar lo que sucede), formar (ayudar a entender los hechos y sus consecuencias) y entretener (hacer que el contenido sea atractivo). Estas funciones han convivido en equilibrio durante mucho tiempo, pero en las últimas décadas, especialmente con la aparición de los medios digitales y las redes sociales, la dimensión del entretenimiento ha cobrado un protagonismo mucho mayor.

Hoy en día, no es raro que un noticiero abra con un escándalo relacionado con una celebridad o un "influencer" en lugar de abordar temas más complejos como crisis políticas, económicas o sociales. Esta elección no es casual, sino estratégica: los medios responden a lo que el público consume. Las noticias breves, visuales, polémicas o emotivas generan más clics, más compartidos y, en consecuencia, más ingresos publicitarios.

Este fenómeno ha impulsado el crecimiento del periodismo de espectáculo y de deportes, ya que estos géneros ofrecen contenido fácil de digerir y emocionalmente atractivo. Sin embargo, esto también plantea un problema: al priorizar lo que entretiene sobre lo que importa, se corre el riesgo de que la ciudadanía esté menos informada y más distraída, lo que debilita su capacidad crítica y su participación activa en la vida democrática.

2.2. Los "pseudoeventos" y la televisión

El gran dilema actual es: ¿cómo encontrar un equilibrio entre el rigor informativo y la necesidad de entretener? En un mundo donde el público tiene una capacidad de atención de pocos segundos, las noticias deben ser atractivas. Pero si el entretenimiento se impone demasiado, corremos el riesgo de caer en el sensacionalismo, donde lo importante es el impacto emocional y no la veracidad de la información.

La televisión ha sido la gran aliada del espectáculo desde su nacimiento. De hecho, ha sido capaz de transformar eventos comunes en grandes "show". Ahí es donde entran en juego los "pseudoeventos": acontecimientos diseñados específicamente para generar atención mediática, como las peleas de boxeo con más marketing que golpes o las galas de premios donde todo parece guionizado.

Merece la pena ocuparnos de ese término. La definición de "pseudoevento" de Daniel Boorstin (historiador, escritor y bibliotecario estadounidense, nacido en 1914 y fallecido en 2004, conocido por su obra The Image (1961), en la que criticaba la cultura mediática moderna) se refiere a un acontecimiento que no ocurre de manera espontánea, sino que es planificado y fabricado con el objetivo principal de ser reportado o difundido por los medios de comunicación. No se trata de un hecho noticioso en sí mismo, sino de una representación diseñada para atraer atención, generar impacto y ser consumida por el público como si fuera auténtica.

Un "pseudoevento" no busca informar sobre algo que ocurrió de forma natural, sino que se presenta para crear una percepción o un relato. Ejemplos de esto pueden ser ruedas de prensa cuidadosamente organizadas, inauguraciones simbólicas o declaraciones públicas que no aportan novedades reales, pero están diseñadas para parecer importantes.

Daniel Boorstin criticó cómo estos acontecimientos contribuyen a una cultura mediática superficial, donde la apariencia y el espectáculo reemplazan a la realidad y el análisis profundo. En este contexto, la línea entre lo verdadero y lo fabricado se vuelve cada vez más difusa.

Desde sus inicios, la televisión, como ya hemos visto, se enfocó en el entretenimiento: concursos, entrevistas a celebridades, eventos deportivos, etc. Hoy en día, incluso los noticieros han adoptado un estilo más ligero y atractivo. La información ha pasado de ser un bloque serio a algo que debe venderse con ritmo, imágenes impactantes y hasta música de fondo para generar emoción.

Hoy en día, incluso los temas más serios se presentan con un toque de espectáculo. Un ejemplo claro es la información meteorológica: antes, un simple pronóstico del clima; ahora, mapas en 3D, gráficos espectaculares y presentadores con carisma. Esto no es malo en sí mismo, pero nos hace preguntarnos si estamos más interesados en la realidad o en la manera en que se nos presenta.

En fin, vivimos en una sociedad donde el entretenimiento lo domina todo. Desde el deporte hasta el periodismo, todo está diseñado para captar nuestra atención. Y aunque esto tiene sus ventajas (¿quién no disfruta de un buen partido de fútbol o de una película emocionante?), también nos obliga a preguntarnos cuánto de lo que consumimos es auténtico y cuánto es simplemente una representación diseñada para vendernos algo.

En el caso del deporte pueden considerarse "pseudoeventos" los que se indican a continuación.

Ruedas de prensa de fichajes o entrenadores, a menudo organizadas más como espectáculos mediáticos que como espacios informativos reales.

Ceremonias de presentación de jugadores, en las cuales participan multitudes.

Partidos o torneos benéficos con celebridades, ya que suelen centrarse más en la imagen pública y el espectáculo que en el rendimiento deportivo.

Presentaciones de camisetas o uniformes, diseñadas para generar cobertura mediática y promoción, no por su importancia deportiva real.

Anuncios estratégicos de fichajes en redes sociales, planeados para generar expectación y viralidad más que para informar directamente.

Eventos deportivos organizados solo para contenido publicitario, como partidos amistosos de pretemporada en destinos turísticos, más enfocados en marketing que en competición.

En definitiva, estos eventos están pensados principalmente para atraer la atención del público y de los medios, construyendo una narrativa más que reflejando una realidad deportiva significativa.

2.3. Un periodismo degradado, de clics y emociones

Si el periodismo fuera una serie de televisión, seguramente ya habría pasado por todas las temporadas posibles: desde el rigor informativo de los primeros capítulos hasta los giros de guion más inesperados, en los que las noticias serias compiten con la última pelea viral en redes sociales. Y, como en toda serie que busca desesperadamente mantener audiencia, el problema es que, en algún punto, la trama se ha ido de las manos.

Hemos llegado a la era del periodismo emocional, donde la información ya no se mide en relevancia, sino en número de clics y "emojis" de indignación o ternura. Se acabaron los días de crónicas extensas y análisis profundos: ahora todo debe ser breve, visual y, si es posible, con un titular que haga que tus amigos te lo reenvíen por WhatsApp con un "¿Has visto esto?".

Porque sí, la información es importante, pero si no conmueve, si no tiene una imagen impactante, un testimonio lacrimógeno o un video con música dramática, corre el riesgo de pasar desapercibida. Cuando la emoción manda, la razón se queda de lado, y lo que debería ser un análisis pausado sobre un problema social se convierte en una historia con más sentimentalismo que lógica.

Por si fuera poco, el periodismo actual también ha abrazado la lógica del mercado con tanto entusiasmo que, a veces, parece que en las redacciones hay más expertos en marketing digital que en investigación periodística. Se trata de generar tráfico, no de generar reflexión. De ahí que el contenido se vuelva más ligero, más viral y, muchas veces, más absurdo.

3. Periodismo Deportivo: cuando el deporte es más importante que la política

Si hay un género periodístico que ha entendido el entretenimiento como su razón de ser, ese es el Periodismo Deportivo. Aquí las noticias ya no se presentan como datos fríos, sino como historias de héroes y villanos, de grandes gestas y tragedias épicas. Cada partido es un evento histórico, cada gol es una obra de arte y cada fichaje es una intriga digna de una novela de espías.

Como ya hemos visto anteriormente, los medios han encontrado en el deporte una fuente inagotable de espectáculo, y lo han exprimido hasta la última gota. Si hay una final, habrá una previa de tres horas. Si hay un partido importante, habrá análisis tácticos, debates y conexiones en vivo desde lugares donde no pasa nada, pero donde algún aficionado está dispuesto a gritar su opinión.

Nos encontramos con que el fenómeno es tan grande que el deporte ha conseguido desbancar a temas de relevancia mundial. Y así, un conflicto geopolítico en otro continente tiene que hacer frente a la competencia de temas como la temperatura del césped en la final de la Champions.

Pero lo mejor del Periodismo Deportivo es que, a pesar de su sensacionalismo, es un sensacionalismo inofensivo, no es el típico sensacionalismo de sexo, sangre y violencia. No intenta asustarte ni manipularte (bueno, quizás sí un poco cuando quieren venderte que este partido es "el más importante del siglo" ... por quinta vez en el mismo año). En el fondo, solo quiere entretener y mantener viva la pasión de los aficionados. Los contenidos son deportivos y no tienen la seriedad de la política, la economía u otros temas más trascendentales. Volveremos sobre este tema en un capítulo posterior.

La especialización periodística en el ámbito de la actividad deportiva

La reivindicación del Periodismo Deportivo es lógica si se atiende a las mejoras que ha propiciado en la sociedad temporánea. Una de las conclusiones que se puede extraer de lo visto en capítulos anteriores es que los periodistas deportivos desempeñan un papel vital en la sociedad del ocio y del entretenimiento. Una idea que ha aparecido de forma recurrente es que se trata de una tarea que no puede llevarla a cabo cualquier persona. Comprender lo que supone esta modalidad periodística exige una especial capacitación y de ahí que nos ocupemos de la especialización en el Periodismo Deportivo.

Si hay una especie única en el ecosistema del periodismo, esos son los periodistas deportivos. Porque son como camaleones: cambian de color, de tono y hasta de humor dependiendo del estadio, del minuto de juego o del tipo de humor generalizado que les toque cubrir. Una de sus especialidades más notables es la versatilidad. Se adaptan a situaciones que harían sudar frío a más de uno... incluso aunque estén encerrados.

Cuenta la leyenda que, en un programa de radio tipo carrusel, de esos que conectan cada cinco minutos con un estadio distinto, un narrador quedó atrapado en un cuartito sin ventanas. ¿La solución? Narrar el partido por los ruidos que escuchaba del exterior. Gritos, aplausos, silbidos... eran las referencias, y aun así logró que los oyentes se sintieran dentro del campo. Un ejemplo de ingenio que no cabría en ninguna escuela de periodismo tradicional.

Y es que muchos de estos profesionales no informan desde un cómodo estudio climatizado. Se lanzan de cabeza al lugar donde pasa la acción, huelen el césped recién cortado, esquivan pelotazos y se broncean con los focos del estadio. Su relación con la noticia es directa, sin filtros. Aunque no todo es gloria en esta profesión.

Un enemigo silencioso ha ido ganando terreno: la temida burocratización. Sí, esa que transforma a los periodistas en oficinistas, atados a tareas administrativas y alejados del corazón palpitante de los acontecimientos. En el caso del Periodismo Deportivo, esto es especialmente preocupante. Cuantos más formularios llenan, más lejos están del gol en vivo. Y eso significa trabajar con información "enlatada", mediada, ya digerida por otros.

Joseph Pulitzer, el famoso periodista que da nombre al premio que todos los periodistas quieren colgar en su despacho, ya lo tenía claro en 1880: la formación es clave. En su periódico **Post-Dispatch** escribió: "Muy pocos hombres pueden llegar a tener éxito como periodistas sin una buena educación... y cuando superan la inexperiencia, pueden ser los mejores de la profesión".

No basta con saber mucho de fútbol para ser periodista deportivo. Hay que saber contar historias, conectar ideas, hacer buenas preguntas... y tener una ortografía que no haga llorar al lector o televidente.

1. *Algunas peculiaridades de los contenidos deportivos*

Volvemos sobre algo que ya ha aparecido antes. Para entender mejor la función del Periodismo Deportivo, se puede diferenciar entre información general y la deportiva, que tiene su propio ritmo, tono, e incluso vocabulario. La información general cubre temas que afectan a todos: política, economía, sucesos internacionales... Mientras tanto, el Periodismo Deportivo vive en su propia galaxia, con códigos y pasiones distintas. Y no por eso es menos importante.

Como ya mencionamos en el Tema 1, el Periodismo Deportivo es un campo único dentro del periodismo debido a las características particulares de la actividad deportiva, que lo diferencian de otros tipos de contenidos informativos. La información deportiva está condicionada por esas peculiaridades, que volvemos a explicar.

1. Actividad agónica y atrayente. El Periodismo Deportivo se basa en la competencia y la lucha por el triunfo, lo que genera un ambiente de tensión y emoción que atrae al público. A diferencia de otros géneros informativos, donde la rutina o la previsibilidad a menudo predominan, el deporte tiene un carácter impredecible que mantiene al espectador siempre en vilo.

   Ventaja: este componente de incertidumbre y emoción incrementa el interés de la audiencia. Mientras que otras noticias pueden ser repetitivas o monótonas, el deporte siempre ofrece algo nuevo, lo que lo convierte en un contenido más atractivo y dinámico.

2. Logros personales. El Periodismo Deportivo no solo cubre los eventos en sí, sino que también se enfoca en los logros individuales de los deportistas. Este enfoque destaca el esfuerzo, la dedicación y el sacrificio personal, lo que humaniza el deporte y lo hace más cercano al público.

   Ventaja: los logros personales permiten construir historias emocionales que enganchan al espectador. Esto contrasta con otros tipos de periodismo, que a menudo se centran en noticias más impersonales o institucionales.

3. Tónica positiva. En general, el deporte se asocia con logros, superación y momentos de alegría, lo que otorga al Periodismo Deportivo una tendencia a presentar aspectos positivos de la vida. Aunque también hay espacio para las derrotas o los fracasos, el enfoque suele ser celebratorio y optimista.

   Ventaja: esto atrae a un público que busca escapar de las noticias más sombrías o pesimistas. El enfoque positivo genera una experiencia más gratificante para la audiencia, contrastando con otros géneros de noticias, que muchas veces se enfocan en crisis, problemas o sucesos trágicos.

4. Relación con el ocio y entretenimiento lúdico. El deporte está vinculado al concepto de entretenimiento y diversión. Las competiciones, los partidos y las historias deportivas ofrecen una forma de escapar de las preocupaciones diarias y disfrutar de algo ligero y estimulante.

   Ventaja: a diferencia de otros contenidos informativos, que pueden ser serios o pesados, el Periodismo Deportivo proporciona una vía de escape y relajación para el público, un factor muy apreciado en tiempos de estrés y sobrecarga informativa.

5. Gran amplitud temática. El Periodismo Deportivo abarca una amplia gama de temas: desde partidos, competiciones, resultados, hasta análisis de jugadas, biografías de deportistas, historia del deporte, controversias, aspectos sociales y culturales relacionados, entre otros.

   Ventaja: esta amplitud temática le permite llegar a diferentes públicos, desde los aficionados a deportes específicos hasta quienes disfrutan de temas más generales como las historias inspiradoras de los deportistas. La diversidad de temas mantiene el contenido fresco y relevante, y permite cubrir múltiples perspectivas.

Cabe señalar, para concluir la comparación, que el Periodismo Deportivo tiene ventajas significativas respecto a otros contenidos informativos hacen que sea un campo dinámico, cautivador y altamente accesible para una audiencia diversa.

1.1. Profundo conocimiento del deporte

El periodista deportivo tiene que ser un auténtico experto del deporte. Pero no un experto cualquiera, sino uno que además pueda contarlo con gracia, claridad y, cuando toca, emoción. Para cubrir un partido de baloncesto, necesitas saberlo todo: desde cuántos pasos puedes dar antes de botar, hasta si ese jugador es más de mates o de triples. Y, por supuesto, entender lo que esperan los fans que van a informarse.

En España pasa que el fútbol lo copa casi todo. Y por eso la mayoría de los periodistas deportivos acaban especializándose en este deporte rey. Si bien hay que señalar que la audiencia no se conforma con menos. Quiere análisis, contexto, historias humanas … Y ahora que crecen los seguidores de deportes como la NFL, el pádel o el "curling" (sí, el "curling"), los medios se ven obligados a diversificar.

El "curling", por cierto, es el ejemplo perfecto: aunque pocos lo practiquen, ha conquistado un espacio en la parrilla televisiva. ¿Por qué? Porque es enormemente plástico y ofrece imágenes atractivas, y porque ha creado una auténtica legión de aficionados que lo siguen con más fervor que una final de Champions.

Así que, si el lector ya ha visto el partido, ha leído el resumen, ha escuchado las tertulias y discutido con sus colegas en el bar, ¿qué espera del periodista? Como lo básico ya lo conoce, hay que dar un ángulo original, una historia desconocida, un análisis con chispa.

1.2. La información deportiva no se da sola, se construye

Thomas Horky es un destacado académico y periodista alemán especializado en comunicación y Periodismo Deportivo. Nació en 1965 y estudió Ciencias del Deporte, Periodismo y Lingüística en la Universidad de Hamburgo. Tras completar su formación, trabajó como periodista en la agencia de noticias alemana dpa y como "freelance". Obtuvo su doctorado en Ciencias del Deporte en 2001 con una tesis titulada "La puesta en escena del deporte en los medios de comunicación", que analiza cómo los medios construyen narrativas deportivas.

Desde 2009, Horky es profesor de Periodismo Deportivo en la Universidad Macromedia de Ciencias Aplicadas en Hamburgo, Alemania. Su investigación se centra en la calidad del Periodismo Deportivo, la mediatización del deporte, la influencia de las redes sociales y la evolución digital de los medios deportivos.

Este autor ha publicado diversos estudios y libros sobre la cobertura mediática del deporte, la influencia de las redes sociales en el Periodismo Deportivo y la evolución digital de los medios deportivos. Su trabajo ha sido reconocido internacionalmente y ha contribuido significativamente al estudio y la práctica del Periodismo Deportivo en el ámbito académico.

Pues bien, Horky explica que la información deportiva no es solo contar lo que pasa, sino que, en muchos sentidos, se trata de construir una versión de la realidad. Los medios no se limitan a reflejar lo ocurrido en un partido, por ejemplo, sino que seleccionan, jerarquizan, interpretan y, con todo ello, crean un relato que a menudo lleva consigo una carga subjetiva, dependiendo del contexto y del enfoque editorial. Este proceso implica una construcción narrativa que influye en cómo los espectadores perciben el deporte y sus protagonistas.

Distintos países poseen su propio estilo de narrar el deporte, condicionado por su cultura, historia y pasión por determinadas disciplinas. Por ejemplo, en Brasil, el fútbol es parte de la identidad nacional y su cobertura está llena de emoción, música y una conexión profunda con la comunidad. En Alemania, la narrativa tiende a ser más técnica y analítica, enfocándose en estrategias, tácticas y estadísticas. En España, el fútbol se vive con una intensidad emocional que se refleja en la cobertura, donde la rivalidad y las historias humanas suelen ser el centro del relato. Estas diferencias enriquecen el panorama del Periodismo Deportivo.

No hay que olvidar que en la era audiovisual actual, en la que la inmediatez domina, la prensa escrita sigue teniendo un papel clave. Su función es contextualizar, ir más allá del momento inmediato del evento y ofrecer "información de fondo" que permita comprender el contexto, las implicaciones y las historias detrás de los partidos, equipos y atletas.

2. Ampliación de contenidos y nuevas áreas

Si hasta ahora hemos visto que el periodista deportivo necesita ser un experto temático, ahora toca ampliar el foco y tener en cuenta a otros aspectos de la especialización.

2.1. La información general y la deportiva

En los medios, cuando algo se convierte en una sección especial es porque importa. Se le dedica más espacio, recursos, y atención, pues hay un público dispuesto a leerlo, escucharlo o verlo. Y eso incluye al deporte, que mueve pasiones, audiencias y millones.

El periodismo siempre es especializado porque aborda temas complejos y profundos que requieren conocimiento detallado y habilidades específicas. Cada área, como la política, economía, ciencia o cultura, tiene su propio lenguaje, contexto y fuentes de información. Los periodistas especializados comprenden estos aspectos y son capaces de interpretar y comunicar con precisión los hechos, evitando malentendidos.

2.2. La singular audiencia resulta clave

Se puede decir que quienes consumen contenidos de medios demandan información precisa y confiable sobre temas específicos, lo que obliga a los periodistas a centrarse en áreas particulares para ofrecer análisis y reportajes completos, más allá de simples resúmenes o generalidades. La especialización mejora la calidad y profundidad del periodismo.

Y eso no se logra improvisando. Ser un periodista deportivo de calidad requiere mucho más que un conocimiento básico del juego. Es fundamental contar con fuentes sólidas, contactos de valor, acceso a datos de calidad y, sobre todo, saber qué hacer con toda esa información. No se trata solo de conocer los equipos o las estadísticas; se trata de entender el contexto, las emociones que mueven a los jugadores y al público, y de traducir todo eso de forma que quien lo sigue desde casa sienta que está viviendo el partido. Sin estas herramientas, no hay especialización que valga.

Quedan aún por analizar dos grandes desafíos: cómo usar correctamente los datos y cómo adaptarse a las peculiaridades de un público diverso, que busca diferentes enfoques según su nivel de conocimiento y sus intereses. La clave está en encontrar el equilibrio entre la información técnica y la accesibilidad, sin perder la esencia del relato deportivo.

Porque, al final, ser un buen periodista deportivo no es tarea fácil. Se necesita formación, pasión, criterio... y sí, tal vez algo de locura. Solo alguien con vocación de superhéroe es capaz de narrar un partido encerrado en un cuarto, sintiendo la tensión, el cansancio, la emoción, y hacerlo de manera que el público lo viva intensamente.

3. Los métodos para la elaboración de los datos

En el Periodismo Deportivo no basta con saber de deporte. También hay que saber contarlo bien. Y para eso, además de conocer el tema, hay que dominar los métodos con los que se trabaja la información. No es lo mismo narrar un gol que explicar por qué ese gol fue decisivo según las estadísticas. Así surgen distintas formas de hacer periodismo: de interpretación, de investigación, de precisión, de datos, científico... Todos con algo en común: un método claro y un tratamiento de la información que va más allá de lo que sabe el público general.

Por ejemplo, no se trata solo de decir que un jugador anotó 20 puntos en un partido de baloncesto, sino de saber qué significan esos 20 puntos dentro del contexto del partido, del rival, del campeonato, etc.

3.1. Estadística en el Periodismo Deportivo

El deporte es emoción, pero también son números. Casi todo en el deporte puede traducirse a datos: quién metió más goles, quién corrió más rápido, quién tuvo mejor posesión. Incluso la duración de un partido, el número de faltas o la efectividad de un saque en tenis hablan por sí solos. Y, además, los aficionados suelen entender ese lenguaje numérico, lo que facilita la interacción entre el deporte y su público. Sin embargo, el Periodismo Deportivo tiene que ir más allá. No se trata solo de repetir cifras, sino de explicarlas en su contexto y ofrecer un análisis que permita a los espectadores comprender el significado detrás de los números.

Para lograr esto, la estadística se convierte en una herramienta esencial. En Estados Unidos, esta práctica se ha desarrollado enormemente. Un ejemplo claro es la Sabermetrics, una rama del análisis estadístico originaria del béisbol, cuyo objetivo es entender mejor el rendimiento de los jugadores mediante métricas avanzadas. Esta metodología se popularizó gracias al libro *Moneyball* y su adaptación cinematográfica, protagonizada por Brad Pitt. La Sabermetrics no solo revolucionó el béisbol, sino que su influencia se ha extendido a otros deportes como el baloncesto, fútbol y fútbol americano.

La asociación de académicos y entusiastas dedicada al estudio de Sabermetrics es la SABR: Society for American Baseball Research. Fundada en 1971, SABR reúne a investigadores, periodistas, aficionados y profesionales interesados en el análisis riguroso del béisbol. El término Sabermetrics proviene precisamente de las siglas SABR y fue popularizado por Bill James para describir este enfoque estadístico del deporte.

En conexión con lo anterior hemos de referirnos a una estadísticas deportivas concretas. Las Next Generation Stats (NGS) proporcionan datos detallados sobre el rendimiento de los jugadores durante un evento deportivo. Estos incluyen métricas como:

1. Velocidad y aceleración: miden la velocidad máxima alcanzada y los cambios de velocidad durante una jugada.

2. Distancia recorrida: calcula la cantidad total de terreno cubierto por un jugador durante el partido.

3. Posicionamiento en el campo: rastrea la ubicación exacta de los jugadores y el balón en tiempo real, lo que permite analizar patrones de movimiento y estrategias.

4. Ángulos y trayectorias: mide los ángulos de los pases o los tiros, y la trayectoria de los movimientos de los jugadores.

5. Tiempo de posesión: mide cuánto tiempo un jugador tiene el balón bajo su control.

Por poner un caso concreto, en el fútbol, las NGS pueden proporcionar datos como la distancia total recorrida por un jugador, su velocidad máxima y el número de toques en el balón. Otro ejemplo es el de la NBA, en la que se utilizan las NGS para calcular la velocidad promedio en transición de un jugador o la eficiencia de tiro en el "pick-and-roll", donde se miden los ángulos y la rapidez con la que un jugador toma su tiro después de una pantalla.

En Europa, aunque el uso de estadísticas avanzadas como las *Next Generation Stats* ha llegado más tarde, su uso está creciendo rápidamente. Gracias a estos datos, los periodistas deportivos pueden contar historias más completas, responder preguntas complejas y ofrecer un análisis más detallado y profundo. Estas herramientas permiten ir más allá de la superficie de los resultados y explorar las dinámicas subyacentes de los juegos, convirtiendo la ciencia de datos en una aliada indispensable para la crónica deportiva moderna.

3.2. Inteligencia Artificial en el deporte y el Periodismo Deportivo

La Inteligencia Artificial (IA) ha llegado al mundo deportivo, convirtiéndose en una herramienta de análisis esencial que, hasta hace poco, parecía sacada de una película de ciencia ficción. Hoy en día, la IA permite procesar miles de datos en tiempo récord, algo que sería impensable para un ser humano.

Para los periodistas, esto representa una nueva dimensión en la cobertura deportiva. Ya no se limitan a informar sobre lo que ha ocurrido en el campo; la Inteligencia Artificial (IA) ha transformado el Periodismo Deportivo al permitir anticipar lo que podría suceder. A través de algoritmos avanzados, se pueden predecir los rendimientos de los atletas, detectar patrones de juego y, lo más innovador, prevenir lesiones.

Gracias al análisis de grandes cantidades de datos, como estadísticas de rendimiento, información biométrica de los jugadores, condiciones meteorológicas o incluso el análisis de los rivales, los periodistas ahora pueden ofrecer predicciones más precisas y detalladas sobre el desenlace de un partido o las tácticas que emplearán los equipos. Esto ha abierto un abanico de posibilidades para los periodistas deportivos, quienes no solo aportan los hechos, sino que también pueden predecir escenarios futuros y anticipan jugadas o resultados.

Por ejemplo, en el fútbol, las predicciones basadas en IA pueden anticipar el rendimiento de un jugador durante un partido en función de su historial, las estadísticas actuales y las condiciones del terreno de juego. En la NBA, el análisis de los datos de tiro de un jugador en tiempo real puede predecir su efectividad según su posición en la cancha y la defensa rival, permitiendo a los periodistas ofrecer un análisis más completo y visual.

Sin embargo, este avance no está exento de desafíos. Uno de los mayores obstáculos es la disponibilidad de datos de calidad, ya que muchas veces los equipos o ligas no comparten la información detallada que sería necesaria para realizar análisis precisos. Además, la privacidad de los jugadores es otro tema delicado, ya que el acceso a datos biométricos o información personal podría generar problemas éticos o legales. A pesar de estos retos, el uso de la IA en el Periodismo Deportivo promete revolucionar la manera en que los aficionados y expertos comprenden y disfrutan de los deportes.

3.3. Periodismo de datos y Periodismo Deportivo

El análisis de datos en el periodismo no es algo nuevo. De hecho, ya en el siglo XIX, algunos periodistas se consideraban investigadores sociales, pues su labor iba más allá de simplemente informar; se dedicaban a analizar y comprender fenómenos sociales para contar historias con un enfoque más profundo. Sin embargo, fue con la llegada de las computadoras en el siglo XX cuando el análisis de datos empezó a entrar en las redacciones de manera más formal y sistemática.

Uno de los pioneros de este enfoque fue Philip Meyer, quien, en la década de 1960, utilizó una computadora para analizar los datos relacionados con los disturbios en Detroit. Su objetivo era entender las causas sociales y económicas que habían llevado a esos eventos. A partir de este trabajo, Meyer desarrolló lo que denominó Periodismo de Precisión, un enfoque que usaba herramientas estadísticas propias de las ciencias sociales para proporcionar reportajes más objetivos, verificables y basados en hechos.

Décadas después, este enfoque evolucionó hacia lo que hoy conocemos como Periodismo de Datos. Esta modalidad combina estadísticas, diseño, tecnología e investigación para contar historias más completas y visuales. Los periodistas de datos no solo presentan hechos, sino que los contextualizan, proporcionando gráficos interactivos, mapas y otras visualizaciones que permiten al público explorar la información de manera más comprensible. Gracias al avance de la tecnología, el Periodismo de Datos ha permitido a los periodistas contar historias más profundas y detalladas, enriqueciendo la forma en que nos conectamos con las noticias.

En el ámbito deportivo, los datos han ayudado tanto a entrenadores como a periodistas. El ejemplo más famoso es el del libro y la película *Moneyball*, donde se cuenta cómo los Oakland Athletics revolucionaron el béisbol aplicando datos donde antes solo había intuición.

Hoy en día, muchos medios utilizan gráficos interactivos, mapas y visualizaciones para acompañar sus historias. El periodismo de datos no solo informa: ayuda a ver la realidad desde ángulos inesperados.

3.4. El lenguaje audiovisual y la información deportiva

El deporte es una experiencia sensorial completa. Más allá de los números y las estadísticas, que aportan datos objetivos y análisis, el verdadero poder del deporte radica en su capacidad para emocionar y cautivar al público. La narración deportiva tiene que ir más allá de simplemente describir lo que está sucediendo en el campo o en la pista. Los periodistas deportivos deben ser capaces de capturar y transmitir la esencia del espectáculo, la energía del momento y las emociones que lo acompañan.

La diferencia en cómo se transmite un gol, por ejemplo, es un claro reflejo de este poder. No suena igual si lo cuenta un narrador apasionado, que sabe cómo jugar con el tono de voz, cuándo subir la intensidad y cuándo hacer una pausa dramática para aumentar la tensión. Un gol puede ser una explosión de alegría si el narrador sabe cómo reflejar la emoción que se vive en el estadio o en casa, o puede ser un momento de reflexión si el contexto lo requiere. El narrador tiene que ser un conductor de la emoción, un traductor del espectáculo a través de las palabras.

Un ejemplo destacado de este tipo de Periodismo Deportivo radiofónico lo encontramos en la figura de Héctor del Mar, uno de los narradores más icónicos de la radio deportiva española. Héctor nació en Mar del Plata, provincia de Buenos Aires, en 1942. Se trasladó a España en 1972, donde desarrolló una exitosa carrera como locutor y narrador deportivo, destacándose en medios como Radio Intercontinental, la Cadena SER y Telecinco, entre otros.

Del Mar era conocido por su capacidad para transmitir la emoción de un partido de fútbol a través de su voz. Su estilo narrativo se caracterizaba por una mezcla de pasión, ritmo y claridad, elementos que le permitían capturar la esencia de cada momento deportivo. Cuando relataba a gritos un gol, no solo describía lo que ocurría, sino que lo convertía en un acontecimiento vibrante. En sus narraciones, cada acción tenía una carga emocional que se transmitía a través del tono de su voz. Si se trataba de un gol decisivo, su voz subía de intensidad, creando una explosión de júbilo que llegaba a la audiencia incluso a aquellos que no estaban viendo el partido. Si, en cambio, se trataba de un gol que sorprendía, su voz podía reflejar asombro, haciendo que el oyente sintiese la sorpresa junto a los jugadores y al público en el estadio.

Además, Héctor del Mar sabía cómo utilizar las pausas para aumentar la tensión. No se limitaba a contar lo que estaba sucediendo en el campo, sino que creaba un ritmo que acompañaba la acción, construyendo la emoción con cada palabra. Sus narraciones son un claro ejemplo de cómo el Periodismo Deportivo radiofónico va más allá de la simple descripción; se convierte en una experiencia sensorial que envuelve al oyente y lo hace sentir parte del espectáculo. La magia de su estilo está en cómo utiliza su voz y el ritmo para hacer que cada partido se viva como un evento único.

En la televisión y la radio deportivas, el lenguaje audiovisual es una herramienta poderosa. Los periodistas deben dominarlo con creatividad, aprovechando el ritmo del partido, los cambios de escenario y el sonido ambiente. La sincronización de la narrativa con las imágenes o el audio puede convertir una simple jugada en un momento inolvidable. Desde los gráficos en pantalla hasta la música de fondo, cada elemento debe estar en sintonía para crear una atmósfera que envuelva al espectador.

Por eso, el Periodismo Deportivo exige una habilidad única para contar historias. No solo se trata de lo que ocurre, sino de cómo se cuenta, de hacer que el público se sienta parte de la experiencia.

4. El conocimiento y la conexión con la audiencia

Para terminar este apartado hay que hacer referencia a una idea repetidamente mencionada. Una clave fundamental en el Periodismo Deportivo es la relación con la audiencia. En este ámbito, la neutralidad absoluta no existe. Los aficionados no solo buscan información objetiva, sino que quieren sentir que quien les cuenta la historia es "uno de los suyos", alguien que comparte su pasión, sus emociones y sus alegrías. Esta conexión emocional es crucial para captar la atención del público y mantener su interés, lo que convierte a los periodistas deportivos en narradores cercanos, capaces de transmitir lo que sucede en el campo de una forma que resuene con el espectador.

Es por eso que muchos medios deportivos adoptan una línea editorial clara. En España, por ejemplo, es evidente cuál es la inclinación de ciertos diarios hacia el Real Madrid o el Barça. Esto no es necesariamente negativo, siempre que se evite caer en la falta de respeto o en la manipulación de la información. La clave está en mantener la integridad profesional sin renunciar a la identidad del medio.

Por todo lo dicho, se entiende que el periodista deportivo deba conocer a su audiencia, hablar su idioma y emocionarse junto a ella, comprendiendo sus pasiones y preocupaciones. Esto no implica perder rigor ni objetividad, sino entender que la conexión emocional es una parte esencial del trabajo en este tipo de periodismo. Al compartir la emoción del momento con los aficionados, se genera un vínculo más fuerte, que transforma la información en una experiencia compartida. Este enfoque permite al periodista transmitir no solo los hechos, sino también el significado y el impacto que esos hechos tienen para los seguidores. Así, el Periodismo Deportivo se convierte en una forma de narrar que trasciende los números, creando historias que resuenan profundamente con la audiencia.

El peculiar pacto de lectura establecido en el Periodismo Deportivo

El periodismo requiere una audiencia grande, para así rentabilizar en forma de anuncios y hacer crecer el negocio. Algunos pretenden eliminar ese factor comercial y en esta línea se manifestó Bill Shankly: "Creo que los clubes de fútbol alguna vez estuvieron muy en contacto con la gente y ahora han cedido ante las grandes cantidades de dinero". En cualquier caso, el público es clave para la vida de los medios. Este proceso de crecimiento exige que aquellos que leen, escuchan o ven los medios conecten con lo que estos ofrecen. Las tiradas de los diarios, las audiencias de la radio y de la televisión y las visitas a una web son el indicativo de cuántas personas son usuarias. Ese nexo cabe interpretarlo como un acuerdo o pacto de lectura. En el caso de del Periodismo Deportivo tal acuerdo es especialmente intenso, puesto que los periodistas deportivos están manejando conscientemente con los sentimientos de quien recibe el mensaje. Por esto, la huella que dejan los medios especializados es más profunda. Hay que entender de manera más profunda cómo es el pacto de lectura en el caso del Periodismo Deportivo.

Quienes se acercan al fenómeno del Periodismo Deportivo suelen criticar y quejarse de que es poco riguroso (sobre todo esto se aprecia en noticias sobre los supuestos fichajes de jugadores que luego resultan fallidos), de que los medios son en exceso partidistas (se les nota que simpatizan descaradamente más con unos que con otros), de que se equivocan en las valoraciones que hacen (muestran un empeño por ensalzar a alguno y resaltar los errores y fallos de quienes no caen simpáticos), etc. En fin, podemos escuchar un casi clamor popular de quienes no es raro que opinen que saben más que los propios periodistas que se dedican a informar de este tema.

Antes de seguir es necesario hacer una distinción interesante. Según el Diccionario de la Real Academia Española las dos primeras acepciones de rigor son: severidad o dureza (fue castigado con rigor) y precisión o exactitud (el estudio científico tiene gran rigor). Pues bien, el Periodismo Deportivo ha de ser riguroso según la segunda acepción; no puede serlo según la primera significación. El deporte no puede tratarse con una actitud de seriedad, de severidad, porque se trata de una actividad de entretenimiento y esta es incompatible con una seriedad fría y distante. Esta última podría ser la propia de contenidos de una importancia evidente (política o economía, por ejemplo). Algo que es divertido, alegre, optimista no ha de comunicarse con un registro erróneo.

Por el contrario, el Periodismo Deportivo debe ser riguroso en los datos que aporta, pero no debe caer en un tono riguroso que es inapropiado para la materia del que trata.

1. Concepto de pacto de lectura

En el ámbito literario, uno de los temas más fascinantes y profundamente estudiados es la relación que se establece entre el lector y el libro que está leyendo. Esta relación no es simplemente un acto mecánico de recibir información, sino un proceso complejo y emocional en el que el texto, al igual que una persona, establece una especie de conversación con quien lo lee. A lo largo de la historia de la literatura y la teoría literaria, los estudiosos han dedicado una gran cantidad de tiempo a explorar los mecanismos de esta interacción, intentando desentrañar cuáles son los procesos que se desatan cuando una persona se enfrenta a un libro, lo abre, lee sus primeras páginas y comienza a adentrarse en su mundo.

El proceso de lectura comienza en el momento mismo en que el lector toma el libro y lo empieza a leer. Pero esa primera toma de contacto es solo el inicio de una relación mucho más profunda. Se ha hablado mucho de cómo los textos literarios son capaces de despertar una serie de emociones y reflexiones que, muchas veces, el lector no espera, pero que responden a una interacción intrínseca entre lo que el texto propone y lo que el lector es capaz de recibir en ese momento particular de su vida. A lo largo de la lectura, la interacción se convierte en una conversación silenciosa pero poderosa, en la que el texto ofrece ideas, conceptos, imágenes, situaciones o personajes, y el lector responde con su propia interpretación, que está determinado por sus experiencias, creencias, emociones y el contexto en el que se encuentra.

Este proceso de interacción está profundamente marcado por las características personales del lector, que influyen en cómo se recibe el mensaje del texto.

Dos lectores que se enfrentan al mismo libro pueden vivir experiencias completamente diferentes, debido a sus diferentes perspectivas y experiencias. La relación entre el lector y el texto no es estática ni predeterminada; es dinámica y única en cada caso. Cada lector, al abordar un libro, lo lee desde su propia perspectiva, sus propios intereses y necesidades emocionales, lo que produce una interpretación particular. Es decir, no hay una única forma de leer un libro. Por lo tanto, la lectura de un texto no es un proceso de simple absorción pasiva de información, sino una actividad activa en la que el lector se convierte en un participante, un creador de significado.

Este fenómeno se puede analizar a través de la teoría literaria y, más específicamente, de las teorías de la recepción. La teoría de la recepción se centra precisamente en cómo los lectores reciben y responden a los textos literarios, subrayando la importancia de las características personales del receptor en la interpretación. El lector no es un ser pasivo que simplemente acepta lo que el texto ofrece, sino que es una persona activa que, a través de sus emociones, experiencias y conocimientos previos, configura su propia interpretación del texto. Esta teoría fue fundamentalmente desarrollada por expertos como Hans Robert Jauss, quien afirmó que la experiencia de lectura depende del horizonte de expectativas del lector, es decir, de las expectativas previas que tiene el lector sobre un texto en particular y cómo estas expectativas cambian a medida que avanza la lectura. Jauss argumenta que el significado de un texto no se puede reducir a lo que el autor quiso decir, sino que se construye de manera conjunta entre el texto y el lector.

Conviene explicar, a colación de lo anterior, que suele hacerse una distinción entre La lectura eferente que se centra en obtener información, hechos o instrucciones del texto; el lector busca un contenido útil o práctico. En cambio, la lectura estética se enfoca en la experiencia, en disfrutar el lenguaje, las emociones y sensaciones que provoca el texto. Ambas formas no son excluyentes y pueden coexistir según el propósito de lectura.

Lo anterior ayuda a entender que las interacciones entre el lector y el texto no solo se dan a nivel intelectual, sino también a nivel emocional. La literatura tiene una capacidad única para evocar sentimientos profundos, desde la alegría y el amor hasta la tristeza y el dolor. Estos sentimientos no son simplemente una respuesta a lo que se está leyendo, sino una parte esencial de la conversación que se produce entre el texto y el lector. En este sentido, muchos estudios literarios se han centrado en cómo los textos afectan emocionalmente a los lectores, y cómo esta emoción influye en la forma en que interpretan lo que leen. La capacidad de un texto para tocar emocionalmente al lector no es solo una cuestión de estilo o de trama, sino también de cómo el lector se conecta con los temas y los personajes, basándose en su propia vida y experiencia.

El concepto de "conversación" entre el texto y el lector también se extiende a la forma en que los textos literarios pueden influir en la vida y el pensamiento del lector mucho después de que se haya cerrado el libro. Buena parte de lectores han informado de cómo ciertos libros o pasajes literarios continúan resonando en su mente mucho tiempo después de haber terminado la lectura. Esta resonancia continua es un indicio de lo profundo de la relación establecida entre el lector y el texto. Al igual que una conversación que continúa en la mente de una persona después de que ha terminado, los textos literarios a menudo dejan una huella duradera en el lector, una huella que puede dar lugar a nuevas reflexiones, cambios en las creencias y, a veces, incluso transformaciones en la forma en que el lector ve el mundo.

Los estudios literarios contemporáneos también han abordado la importancia de la lectura crítica, que involucra una reflexión consciente sobre el texto y sobre cómo este se relaciona con la experiencia del lector. Esta lectura crítica no solo busca comprender lo que el autor está diciendo, sino también desentrañar las implicaciones más profundas del texto, las ideologías subyacentes, las estructuras de poder y las interpretaciones alternativas. La lectura crítica es otra forma de conversación entre el lector y el texto, en la que el lector no se conforma con lo que se presenta, sino que cuestiona, analiza y profundiza en los significados. Esta forma de lectura invita a un diálogo constante, no solo con el texto mismo, sino con otros lectores y con el contexto social y cultural en el que se lee el libro.

Por tanto, la relación entre el lector y el libro es un proceso complejo que involucra no solo la transmisión de ideas o información, sino una interacción dinámica, emocional e intelectual. La conversación entre el texto y el lector es única para cada persona, moldeada por sus características personales, sus experiencias pasadas y su contexto presente. Esta relación es activa, creativa y transformadora, y va mucho más allá de la simple lectura. Es una experiencia de co-creación de significado, en la que tanto el texto como el lector participan en un intercambio continuo de ideas, emociones y reflexiones. A través de este proceso, el lector no solo aprende sobre el texto, sino también sobre sí mismo, sobre el mundo y sobre los otros.

1.1. El lector como cómplice

En este juego de ida y vuelta entra una idea fundamental: el pacto de lectura. En el fondo, cada texto es un acuerdo tácito entre quien lo escribe y quien lo recibe. En ese acuerdo, el lector acepta ciertas reglas del juego. Por ejemplo, si uno abre un periódico deportivo y lee que "El vestuario del equipo está caliente", sabe que no se refiere a un problema con la calefacción. Sabe que hay tensiones, que alguien se ha enojado, que puede haber drama. Hay un código compartido.

La teoría literaria ha explorado esta dinámica con profundidad. Se habla del lector implícito, esa figura que el autor imagina cuando escribe. No es el lector real, sino uno ideal, alguien que entenderá las referencias, que sabrá decodificar los guiños, que leerá entre líneas. El periodista deportivo también escribe pensando en ese lector implícito: alguien que conoce a los jugadores, que entiende el contexto, que se emociona con una metáfora bien puesta. No escribe en el vacío, sino en diálogo con una tribuna mental.

Y es que leer no es un acto pasivo. Leer, en un sentido amplio, implica la interacción de un sujeto con un texto con la finalidad de interpretarlo, elaborando una representación mental de su significación. Esa representación mental puede quedar flotando en la cabeza o transformarse en una charla de café, en un meme, en una discusión de bar. El texto se reconstruye, se reinterpreta, se convierte en parte del universo simbólico del lector.

1.2. Diferentes modos de asumir el mensaje

Por tanto, no todos leemos de la misma manera. Un texto de estudio se lee para aprender algo; uno literario, para sentir algo. Y el texto deportivo... bueno, un poco de ambas. Se quiere saber qué pasó, pero también se quiere revivirlo, emocionarse otra vez. A veces se busca la crónica minuciosa; otras, una columna que hable como uno mismo piensa y no se atreve a decir. A veces queremos cifras; otras, poesía.

Por eso, hay que entender que el Periodismo Deportivo no está hecho solo para informar, sino para crear comunidad. Para construir un relato que nos una. Para darle forma a la pasión. Y sí, también para entretener, incluso cuando exagera, se equivoca o se pasa de rosca. Porque, como bien decía Bill Shankly, aquel legendario entrenador del Liverpool: "Creo que los clubes de fútbol alguna vez estuvieron muy en contacto con la gente y ahora han cedido ante las grandes cantidades de dinero".

Ese desencanto con la mercantilización del deporte también alcanza al periodismo que lo rodea. Pero no tiene por qué ser así. El Periodismo Deportivo puede –y debe– ser el puente entre la pasión genuina de la gente y un relato bien contado. Puede recuperar ese contacto con el público, no desde la grandilocuencia, sino desde la honestidad, el conocimiento y, por qué no, el humor.

Porque al final, el fútbol –como la vida– no se entiende solo con cifras. Se entiende con corazón. Y eso, si se narra bien, también es rigor.

2. El periodismo exige un pacto de lectura

El periodismo se basa en un pacto con sus lectores. Y no es un acuerdo cualquiera. Imaginemos una escena cotidiana: estás desayunando, abres el periódico o haces *scroll* en tu móvil, y te encuentras con un titular como: "Remontada épica: el Real Madrid gana en el 95' con un gol extraordinario". La reacción puede ir del entusiasmo a la incredulidad. Pero lo fundamental es que, desde ese momento, ya hay un pacto implícito entre el medio y tú como lector.

¿En qué consiste este pacto? En algo esencial: la confianza. El periodismo –especialmente el deportivo– no transmite exclusivamente hechos; también emociona, entretiene, contextualiza. Busca involucrar al lector no solo con datos, sino con relatos que generen respuesta emocional. Para entender cómo funciona este mecanismo, conviene asomarse, aunque sea brevemente, a la teoría de la comunicación.

Según esta perspectiva, la relación entre autor y lector es central. Aunque pueda sonar más propio de la literatura, en el periodismo también se establece una forma de diálogo: cuando un medio publica una noticia, está diciendo "esto merece tu atención". Y el lector responde, consciente o no, aceptando entrar en ese marco narrativo, confiando en que lo que se le cuenta tiene sentido, está bien documentado o, al menos, no es una invención.

En la práctica, este proceso es complejo, como cabe suponer. El periodista actúa como un cocinero que prepara un plato para miles de personas que no conoce personalmente. Intuye sus gustos, intenta sorprenderlos, y al mismo tiempo debe respetar ciertas expectativas. Escribe con la suposición –no exenta de riesgo– de que el lector cree en su criterio y en su acceso a la información.

Este pacto de lectura, sin embargo, no se firma de forma explícita. No hay un contrato ni una consulta previa sobre el estilo o el enfoque. El medio publica, y espera conectar con su audiencia. Si lo logra, el lector sigue allí; si no, simplemente se va. Por eso, los medios deben cuidar esa relación, actualizarla y adaptarse a nuevas formas de consumo.

Hoy, con la irrupción de elementos visuales, virales o sonoros, el escenario ha cambiado por completo. Una imagen poderosa puede superar el impacto de un artículo bien escrito. Esto ha obligado a la prensa escrita a repensar su propuesta, buscando no perder relevancia en un entorno mediático cada vez más visual y fragmentado.

2.1. El enfoque de la información

Una de las nociones más importantes en teoría de la comunicación es el "framing" o enfoque. No existe una la realidad de la que se informa no llega intacta al lector:

siempre pasa por un proceso de selección y organización. Es decir, los hechos se encuadran, se interpretan y se jerarquizan. Un titular como "Cristiano Ronaldo rompe récord mundial" transmite admiración. En cambio, "Cristiano anota de penalti en el minuto 90" entrega otra sensación completamente distinta, aunque ambos hablen del mismo evento y ninguno de ellos es mentiroso.

Investigadores como Goffman, Gitlin o Entman han analizado cómo el enfoque determina la manera en que las audiencias entienden los acontecimientos. Lo que se decide mostrar (o dejar fuera) influye directamente en la percepción de la realidad. No se trata necesariamente de manipulación, sino del ejercicio inevitable de priorizar información, resaltar algunos aspectos y minimizar otros.

En otras palabras, todo contenido periodístico responde a decisiones editoriales que filtran, interpretan y dan forma a la noticia. El enfoque es el marco a través del cual interpretamos el mundo. Sin él, no hay información que contar. Por eso, cada noticia no solo informa: también construye una versión posible de la realidad. Y ahí, nuevamente, entra en juego el pacto de lectura: el acuerdo silencioso entre quien cuenta y quien conecta con el enfoque que presenta el medio al cual le da más credibilidad.

2.3. El enfoque peculiar del periodismo

El periodismo tiene un enfoque peculiar: informa, pero también construye relatos que apelan a la curiosidad y al juicio del lector. Al igual que en la lectura de un libro, existe un pacto tácito entre el medio y su audiencia.

El lector de un libro decide sumergirse en sus páginas; escoge qué obra leer, selecciona un lugar cómodo, crea un ambiente propicio y determina el momento adecuado. Este ritual no es exclusivo de la literatura.

Quien consume contenido periodístico actúa de forma similar: elige el medio que le resulta confiable o atractivo, fija el contexto de su lectura –sea en la tranquilidad del hogar, durante el trayecto diario o en una pausa laboral– y se dispone a recibir la información. Este acto voluntario establece un compromiso momentáneo con el contenido.

Por ello, los periodistas deben respetar ese pacto ofreciendo rigor, claridad y respeto por el tiempo e inteligencia del lector.

3. El pacto de lectura en el Periodismo Deportivo

El Periodismo Deportivo se distingue de otros géneros por su carácter único. Su particularidad radica en la inclusión de elementos emocionales como la pasión, los colores, los escudos, las rivalidades y las expectativas de triunfo, tales como la aspiración a ganar competiciones como la Champions League.

Además de los contenidos, hay otro factor que guarda relación con las emociones. El Periodismo Deportivo tiene muy presente que cuenta con una audiencia muy peculiar y que es necesario conectar con un público muy especial. En el proceso de elaboración de los contenidos se tiene muy en cuenta quién va a recibir el mensaje. El periodista sabe que ha de lograr conectar con los intereses de los aficionados.

El Periodismo Deportivo es una de esas formas híbridas del oficio que despierta tanto entusiasmo como recelo. Basta con acercarse a una emisión o revisar un medio especializado para encontrarse inmerso en un universo de voces exaltadas, cifras detalladas, debates encendidos y titulares que rozan lo improbable: "¡Messi regresa al Barça!" (aunque no para jugar)", "Mbappé ya es del Madrid" (según fuentes cercanas a una panadería en París), y otras perlas que pueblan el paisaje informativo.

Ante este panorama, no es extraño que muchos lo observen con cierta distancia o incluso con desdén. A menudo se lo compara con un pariente ruidoso del llamado periodismo "serio", aquel que aborda cuestiones de economía, política o conflictos internacionales (las denominadas "Hard News", que se oponen a las "Soft News"). Las críticas, a las que ya hemos aludido, son recurrentes: falta de rigor, parcialidad manifiesta, errores evidentes y una puesta en escena que, por momentos, parece más cercana a la ficción narrativa que al reportaje objetivo. "Eso no es periodismo", dirán algunos. "Es "fan fiction" con micrófono".

Sin embargo, antes de emitir un juicio definitivo, conviene matizar. El Periodismo Deportivo, a pesar de sus excesos o debilidades, no puede reducirse a mero espectáculo. Más allá del ruido, constituye una forma específica de narrar el mundo, de generar vínculos emocionales, de dotar de sentido a una práctica tan aparentemente trivial –y al mismo tiempo tan reveladora– como ver a 22 personas persiguiendo un balón.

Lejos de ser un género menor, el Periodismo Deportivo refleja cómo una sociedad entiende la pasión, el éxito, la derrota, la identidad o la pertenencia. En ese juego de relatos y símbolos, se expresa mucho más que el resultado de un partido.

Y aquí conviene recordar lo que decíamos que aparece en el diccionario cuando habla de *rigor*. No todo es castigo y dureza. Según la Real Academia Española, una acepción –la más útil para nosotros– lo define como "precisión o exactitud". Esa es la vara con la que deberíamos medir al Periodismo Deportivo. No se le puede exigir una solemnidad fría, tipo editorial económico en traje y corbata, porque el deporte es otra cosa. Es calor, emoción, exageración, risa, tragedia y gloria todo en una misma jugada. Tratarlo con un lenguaje gélido sería como narrar el carnaval de Río como si fuera un informe del FMI.

Entonces, ¿puede ser riguroso un periodista que grita "¡golazo!" con la voz quebrada? Por supuesto. El rigor no está en la falta de pasión, sino en la precisión con la que se elige cada palabra, en la honradez con la que se interpreta un partido, en el respeto por la audiencia. No se trata de hablar en tono monocorde, sino de no vender humo. De informar con claridad, aunque se haga con una bufanda al cuello.

Y esa audiencia, por cierto, no es cualquier cosa. Es una comunidad peculiar. No es simplemente público, son fans. Y como toda hinchada, quiere que le hablen en su idioma, que le confirmen que su pasión tiene sentido. El periodista deportivo tiene que conocer ese idioma emocional: saber cuándo subir el tono, cuándo ser irónico, cuándo calmar los ánimos. Tiene que moverse como un mediocampista creativo entre el dato y el relato.

Un lector del F.C. Barcelona, por ejemplo, es probable que busque refuerzo emocional, confirmación y, en ocasiones, consuelo en tiempos de adversidad. El periodista, consciente de esta dinámica, escribe con la intención de satisfacer estas necesidades emocionales de su audiencia, la cual sigue el medio, ya sea comprando el periódico o accediendo al contenido digital.

Además, es fundamental considerar el papel de los anunciantes, ya que el éxito financiero del Periodismo Deportivo depende en gran medida de la cantidad de clics y visitas que atraiga. Sin estos ingresos, el periodista podría encontrar dificultades económicas. Así, este ecosistema solo funciona si se mantiene el pacto implícito entre el lector, el periodista y el medio.

Como conclusión, podemos decir que el Periodismo Deportivo establece un pacto de lectura particular, orientado principalmente a aficionados que viven la emoción de su equipo de manera intensa, incluso ante imágenes ambiguas. La principal función del Periodismo Deportivo es, sin duda, informar; sin embargo, su enfoque primario es el entretenimiento. A menudo, esto implica el uso de dramatización, exageraciones y adjetivos épicos para captar la atención del lector y aumentar la emoción. Así, se busca no solo transmitir hechos, sino también generar una experiencia emocional que conecte profundamente con la audiencia. Este enfoque es inherente a la naturaleza misma del Periodismo Deportivo.

3.1. Estrategias discursivas del Periodismo Deportivo

Volvemos sobre algo que ya ha salido antes, al tratar de lo peculiar que es la actividad deportiva. A la hora de tratar de las estrategias discursivas, encontramos cinco puntos clave que sirven para explicar las singularidades de este tipo de periodismo:

1. El deporte es lucha. Siempre hay drama, tensión, rivalidad. Es un guion de Hollywood con camisetas sudadas.

2. Tiene una nota positiva. Siempre hay un ganador (aunque sea moral). Incluso perdiendo, alguien se lleva los aplausos por pelear hasta el final.

3. El foco en los protagonistas. No es lo mismo decir "el equipo ganó" que decir "Messi hizo magia y nos devolvió el alma al cuerpo". Se humaniza el juego.

4. Hay temáticas para todos. Fútbol, básquet, Fórmula 1, e-Sports... Es un buffet libre para todos los gustos.

5. El deporte como "show". Ya no es solo actividad física. Es un espectáculo, una industria de entretenimiento. Y eso lo convierte en material perfecto para el "infotainment" (informar y entretener).

Y por eso mismo, el Periodismo Deportivo muchas veces se vuelve sensacionalista. Se busca causar impresión, conectar emocionalmente, hacer que el lector se quede enganchado como si estuviera viendo una serie de Netflix. Es parte de su ADN.

Pero –y aquí viene el *pero* importante–, no hay que olvidar que sigue siendo periodismo. Y eso implica responsabilidad, ética, veracidad. Aunque el titular sea llamativo, el contenido tiene que ser sólido.

3.2. Pacto con la audiencia

En el Periodismo Deportivo se puede jugar, emocionar y dramatizar..., pero sin cruzar ciertas líneas. Porque si no, se corre el riesgo de convertirse en una caricatura.

Hay que evitar ser irrespetuoso con el rival solo por quedar bien con los tuyos, vender humo y falsas expectativas solo por generar ilusión, inflar noticias hasta que exploten y calentar partidos creando odio innecesario entre aficiones. Si los seguidores del rival caen en la obcecación o el fanatismo, los periodistas han de saber resistirse a esa tentación.

Y, sobre todo, no fomentar la irresponsabilidad. Porque los medios y ya se sabe viene una gran responsabilidad, como lo decía el tío Ben a Spiderman.

El Periodismo Deportivo es un universo fascinante. No solo porque cuenta goles, derrotas y récords, sino porque establece una relación muy especial con su público.

Ese pacto de lectura es una especie de contrato emocional donde el lector acepta ser parte de una comunidad, vibrar con las crónicas, indignarse con el árbitro desde la distancia, y soñar con la próxima victoria. El periodista, por su parte, tiene que equilibrar entretenimiento con información, emoción con rigor, espectáculo con ética.

Así que, cuando alguien se encuentre con un titular tipo "Milagro en Anfield", ya sabrá que hay mucho más detrás que palabras bonitas. Hay toda una maquinaria de enfoques, estilos, estrategias y, por encima de todo, una promesa silenciosa entre quien escribe... y quien lee.

Ciberperiodismo e información deportiva

La irrupción de Internet ha cambiado profundamente el periodismo. Como ya había sucedido con los otros medios tradicionales, los avances técnicos han ido por delante de los intereses periodísticos. Los medios digitales han sacado provecho de la nueva tecnología, que, a su vez, han ido modificándose y se han encontrado –y han desarrollado– nuevas modalidades de hacer periodismo: ha aparecido el periodismo digital. Pues bien, el Periodismo Deportivo puede que sea el que ha experimentado una mayor transformación respecto a otros temas y secciones periodísticas.

Internet ha rediseñado el mapa del Periodismo Deportivo. Hoy, la práctica periodística en este campo es más dinámica, más participativa y más diversa que nunca. Los desafíos son muchos: la sobreabundancia informativa, la necesidad de verificación constante, la presión por la inmediatez... Sin embargo, también lo son las oportunidades: nuevos lenguajes, audiencias más involucradas y una capacidad sin precedentes para narrar el deporte como fenómeno social global.

La irrupción de Internet ha supuesto una transformación estructural en todos los ámbitos de la vida contemporánea, y el Periodismo Deportivo no ha sido la excepción. Este nuevo entorno comunicativo ha modificado de manera radical tanto las formas de producción como de consumo de la información, generando un ecosistema donde la inmediatez, la interactividad y la multimedialidad son ahora protagonistas. En este escenario en constante evolución, surgen preguntas fundamentales: ¿qué lugar ocuparán los medios tradicionales en el futuro? ¿Se consolidarán los formatos emergentes como los "podcasts" o las plataformas sociales como los nuevos referentes del Periodismo Deportivo?

Las siguientes páginas se adentran en los principales ejes de transformación que ha generado Internet en el Periodismo Deportivo, destacando no solo los avances, sino también los desafíos que impone este nuevo campo de juego digital.

Hay que advertir que resulta difícil abordar este tema porque se trata de un proceso inacabado y no se sabe en muchos casos si estamos en un punto y seguido o se trata de un punto final en la evolución de ese aspecto concreto. No sabemos a ciencia cierta cómo se desarrollará el fenómeno de los podcasts especializados, o incluso (por ir hasta un extremo) si seguirán editándose los diarios de papel. En este apartado únicamente se abordarán cuatro aspectos, de entre los muchos que cabría tratar, que ayudarán a entender el calado de las novedades del ciberperiodismo y los peligros del mal uso de la tecnología.

1. ¿Un nuevo medio?

Con una terminología ya desfasada, se utilizaba la expresión "nuevos medios" para aludir a las innovaciones técnicas (electrónicas e informáticas fundamentalmente) que se fueron introduciendo en las últimas décadas del siglo XX. El calificativo indicaba que se empleaban novedades que rompían con lo anterior, que se quedaba atrasado.

Antes de la tecnología digital, el término se refería a innovaciones técnicas de cada época en el ámbito de la comunicación. Por ejemplo, en los años 50 y 60, la televisión fue considerada un "nuevo medio" frente a la prensa y la radio; en los años 80, el video doméstico (VHS), el teletexto, los CD-ROM y las primeras computadoras personales también entraron en esa categoría; a finales de los 80 y principios de los 90, se hablaba de "nuevos medios" en referencia a las tecnologías multimedia, como los primeros entornos interactivos y educativos en CD.

Por lo tanto, el concepto de "nuevos medios" es relativo al contexto histórico y tecnológico: siempre ha habido formas emergentes de comunicar, en contraste con las ya consolidadas.

1.1. La tecnología y su influencia en la aparición de los medios de comunicación

A lo largo de la historia, cada innovación tecnológica ha modificado el modo en que las sociedades se informan. La imprenta, la radio y la televisión marcaron hitos decisivos en el desarrollo de la comunicación social. Internet, sin embargo, ha redefinido las reglas del juego: ya no se trata únicamente de transmitir información, sino de hacerlo con múltiples lenguajes, a velocidades antes impensables, y con una capacidad de personalización y segmentación sin precedentes.

Los orígenes de los medios de comunicación modernos están ligados a una serie de inventos que, curiosamente, no fueron creados con fines informativos. La imprenta, por ejemplo, desarrollada por Johannes Gutenberg en el siglo XV, nació con el objetivo de reproducir libros de forma más eficiente, especialmente textos religiosos como la Biblia. Sin embargo, su impacto fue tan profundo que pronto se utilizó para difundir ideas, noticias y panfletos, dando lugar al nacimiento de la prensa escrita.

Más adelante, a comienzos del siglo XX, la radio fue concebida como un avance en las telecomunicaciones: un sistema para transmitir señales sonoras a distancia, útil sobre todo en contextos militares y marítimos. No obstante, su potencial para llegar a grandes audiencias la transformó rápidamente en una herramienta de información y entretenimiento masivo.

La televisión, por su parte, comenzó como una evolución técnica que permitía enviar imágenes en movimiento. Al principio, su propósito era más experimental y comercial que informativo. Pero su capacidad para combinar imagen y sonido en tiempo real la convirtió en uno de los medios más influyentes del siglo XX.

Así, estos inventos, diseñados con otros fines, fueron apropiados por la sociedad para satisfacer una necesidad fundamental: la de comunicarse e informarse. Al irse incorporando las novedades, la experiencia previa se ha ido transfiriendo a los medios que se han ido incorporando. El periodismo televisivo, por ejemplo, fue deudor del radiofónico en sus primeras etapas. Así ocurrió que las retransmisiones de partidos eran muy parecidas a las radiadas y se fueron alejando de esa fórmula, de forma paulatina, cuando la televisión encontró su lenguaje propio y pudo superar a las formas de narración de la radio que habían marcado sus inicios. Esto se puede aplicar, igualmente, a los medios digitales respecto a los analógicos.

La puesta en funcionamiento de las nuevas tecnologías salió antes de que se desarrollara la actividad comunicativa. Los medios que fueron adquiriendo la denominación de nuevos eran desarrollos técnicos que no estaban vinculados únicamente con la información. De manera progresiva se fueron descubriendo posibilidades que inicialmente no se apreciaban. De esta forma, apareció el periodismo digital, en sus variadas modalidades, cuando el impulso inicial vino por intereses que estaban alejados de los propiamente periodísticos.

El periodismo digital, en sus inicios, imitó a sus predecesores. Replicaba los formatos de la prensa escrita, la radio o la televisión, trasladando contenidos a la red sin aprovechar del todo sus posibilidades. Sin embargo, con el paso del tiempo, ha desarrollado una narrativa propia, en la que conviven textos, imágenes, sonidos, enlaces, interacción en tiempo real y formatos innovadores como el vídeo vertical, popularizado por plataformas como TikTok o Instagram, y los contenidos efímeros, como las historias de 24 horas.

Esta evolución ha dado lugar a un ecosistema comunicativo con características definitorias: multimodalidad, .al combinar diversos lenguajes en una misma pieza; flujo continuo de contenidos, con actualizaciones minuto a minuto, como ocurre en coberturas en vivo de partidos o eventos; hipertextualidad, que permite al lector navegar entre capas de información mediante enlaces; e hiperconectividad, facilitada por redes sociales que integran al público como participante activo. Ejemplos como **The Athletic** o **Marca.com** ilustran cómo el Periodismo Deportivo digital aprovecha estos recursos para ofrecer experiencias inmersivas, interactivas y actualizadas en tiempo real.

The Athletic fue fundado en enero de 2016 por Alex Mather y Adam Hansmann en San Francisco, California. Ambos excompañeros en la empresa de tecnología deportiva Strava, concibieron la idea de crear una plataforma de Periodismo Deportivo basada en suscripciones, sin publicidad, enfocada en ofrecer análisis profundos y cobertura especializada para aficionados exigentes.

El proyecto comenzó en Chicago, centrándose inicialmente en equipos locales como los Cubs y los Blackhawks. Posteriormente, se expandió rápidamente a otras ciudades de Estados Unidos, Canadá y el Reino Unido, abarcando una amplia gama de deportes profesionales y universitarios. En enero de 2022, **The Athletic** fue adquirido por *The New York Times Company* por 550 millones de dólares. Esta adquisición permitió al **Times** fortalecer su oferta deportiva y consolidar su presencia en el ámbito del periodismo digital.

Esta plataforma combina el análisis en profundidad con recursos multimedia: sus artículos no solo contienen texto, sino también gráficos interactivos, clips de video y enlaces a estadísticas externas que permiten al lector contextualizar mejor cada información. Además, su diseño limpio y su enfoque en el contenido premium apelan a una audiencia que busca calidad y especialización.

La edición digital **Marca.com**, se lanzó el 3 de marzo de 1997, convirtiéndose en una de las webs deportivas más visitadas de España. Desde entonces, ha evolucionado para ofrecer una cobertura informativa en tiempo real, con noticias, vídeos, imágenes, retransmisiones y resultados en directo.

Marca.com representa un modelo más orientado a la inmediatez y a la interacción. Durante partidos en vivo, ofrece actualizaciones minuto a minuto, galerías de imágenes, encuestas en tiempo real y comentarios de usuarios, creando una experiencia participativa. También incorpora contenido efímero en redes sociales y utiliza videos cortos optimizados para móviles, logrando así un alto nivel de conexión con públicos diversos y en constante movimiento.

1.2. Comparación entre los medios tradicionales y los nuevos

El contraste entre la prensa escrita y el periodismo digital puede entenderse como un enfrentamiento entre la solidez del legado y la flexibilidad de la innovación. Mientras la prensa tradicional conserva su valor como fuente confiable, archivo histórico y referente institucional, el entorno digital ha introducido herramientas que multiplican las posibilidades comunicativas y transforman la relación entre medios y audiencias.

Una de las más destacadas es la hipertextualidad, que permite al lector navegar entre diferentes niveles de información mediante enlaces que conectan contextos, datos y perspectivas, enriqueciendo la comprensión del contenido. A ello se suma la multidimensionalidad, ya que el periodismo digital integra texto, imagen, audio, video y gráficos interactivos en un solo relato informativo, generando una experiencia mucho más rica y envolvente. Además, la interactividad convierte al receptor en un actor activo que puede opinar, compartir, reaccionar o incluso participar en la construcción de la noticia, lo que redefine el papel del lector.

Por último, la inmediatez del entorno digital permite que los contenidos se publiquen y actualicen en tiempo real, estableciendo una conexión directa y constante entre los hechos y su narración. Estas características hacen del periodismo digital un ecosistema dinámico que responde con agilidad a las demandas del presente.

1.3. Conectividad, multimedialidad y baratura

Ya se ha mencionado cómo se potencia la conectividad, que implica estar conectado con las audiencias y que permite fomentar la relación de proximidad con la comunidad a partir de la sensación de compartir tiempo, espacio, intereses e inquietudes. El ritmo del periodismo digital queda determinado por la actualidad que hace que el relato se re-elabore permanentemente en función de la evolución del propio acontecimiento y se difunda prácticamente en tiempo real.

Gracias a la tecnología que ha hecho posible este proceso, realmente se ha convertido en el medio de comunicación global por excelencia, puede llegar a cualquier punto del planeta. Al mismo tiempo que se produce esta ampliación de la audiencia, se inicia un proceso de personalización, puesto que permite perfilar con mayor precisión el contenido Este adelanto se traduce en una mejor experiencia para quien recibe la información, lo cual supone más implicación, permite una mayor participación de los usuarios y un mayor grado de compromiso, crece el "engagement" (el nivel de compromiso, entusiasmo y lealtad que tiene una audiencia con un personaje, un tipo de contenidos o una marca).

La posibilidad de ofrecer amplia cobertura temática y de llegar a conectar personas muy alejadas geográficamente, se complementa con el acceso fácil a contenidos especializados como las ciencias, la tecnología, la economía o las finanzas, que pueden ser tratados con profundidad, incluso con aquellos complejos. En esa audiencia abrumadora no es raro encontrar a otras personas con similares intereses y que buscan, precisamente, la profundidad y lo que se sale de lo común.

Esta forma de comunicación incluye diversos formatos multimedia, como videos, imágenes, audio y gráficos, en pro de ofrecer una experiencia de lectura enriquecedora y atractiva. Los formatos en imágenes dan una ventaja competitiva respecto a los periódicos tradicionales, en la versión digital es posible insertar galerías de fotos. En un periódico en formato digital se puede enlazar con otros artículos relacionados; esto resulta muy atractivo para el lector, ya que, si le interesa el tema de alguna noticia, tiene la posibilidad de observar otras de corte similar.

Por último, se comprueba que, en comparación con los medios tradicionales, los costos de producción y distribución de la información en el periodismo digital son bajos.

2. Nuevas habilidades periodísticas

La transformación digital ha modificado profundamente las rutinas de producción periodística, obligando a los medios y a los profesionales de la información a adaptarse a un entorno tecnológico en constante evolución. El periodismo actual ya no se limita a reproducir los esquemas tradicionales en un nuevo soporte; por el contrario, ha desarrollado formatos y dinámicas propias del entorno digital, donde la inmediatez, la interacción con la audiencia y la multimedialidad son elementos centrales. Esta nueva realidad está redefiniendo el perfil del periodista, cuyas funciones se han diversificado considerablemente.

La transición del papel al entorno digital exige una reinvención profesional. Hoy, el periodista no solo debe ser capaz de redactar con claridad y rigor, sino que también necesita dominar herramientas de edición de video y audio, gestionar redes sociales, interpretar métricas de audiencia y adaptar sus contenidos a múltiples formatos y plataformas, como blogs, "podcasts", TikTok o "newsletters". Además, debe ser capaz de trabajar en tiempo real, mantener la veracidad en contextos de alta velocidad informativa y dialogar con una audiencia más activa y crítica.

Esta versatilidad convierte al periodista en una figura polivalente, a medio camino entre el comunicador tradicional y el creador digital. Solo aquellos profesionales que comprendan la lógica de este nuevo ecosistema podrán responder con eficacia a las exigencias del público actual, que demanda información precisa, accesible y dinámica. En este sentido, la tecnología no solo cambia los medios, sino que impone un nuevo modelo de periodista, más conectado, flexible y preparado para los desafíos del siglo XXI.

En todo caso, no hay que dejar de señalar que son motivos económicos de las empresas los que están detrás de esa versatilidad (una misma persona puede asumir tareas que antes desarrollaban 3 o 4) y que la calidad final del producto informativo puede verse afectada ya que no todos sirven para diferentes lenguajes y medios.

3. Más posibilidades en un entorno cambiante

El dinamismo del Periodismo Deportivo ha sido continuado y con el nuevo panorama esa característica se ha hecho más patente. Comparativamente con otras secciones de información se puede apreciar que es más acusado en lo deportivo.

3.1. Una avalancha de noticias

El crecimiento de la información sobre deportes ha sido enorme, como ya se ha señalado. Una consecuencia es que en los medios digitales ahora encontramos información (especialmente fuera del propio país) que antes no se daba por las limitaciones que tienen los medios analógicos. A través de Internet se puede acceder a acontecimientos y a prensa internacional, a estadísticas de competiciones que se disputan a miles de kilómetros de distancia, a testimonios de personas que pueden estar en cualquier punto del globo.

Por lo anterior, en las redacciones se incrementa la necesidad de contar con periodistas que puedan y sepan moverse en ese escenario internacional. La popularidad creciente de la NFL, por ejemplo, ha llevado a que haya más personas dedicadas a cubrir la información sobre fútbol americano. Lo mismo sucede con otros deportes que siguen llamándose minoritarios, pero que están dejando de serlo.

La facilidad para estar en estrecho contacto con la audiencia ha hecho que las posibilidades de interactuar con los aficionados sean mayores y la intensidad de esa relación ha aumentado considerablemente. Basta con pensar en cómo actúan las redes sociales, que poseen una gran capacidad de enardecer a los seguidores. Los fans han encontrado en Internet un aliado de primer orden. Lo que comprobamos es que les resulta aún más sencillo conectar con otras personas que tienen su misma afición y que se van a animar mutuamente con eso que les une. Van a poder intercambiar opiniones y estados de ánimo; se lo pasan bien sintiéndose acompañados.

En fin, es un instrumento ideal para desarrollar este tipo de actitudes e intereses, que supone la creación de "burbujas informativas", así los aficionados a un equipo conectan con otros en los países más distantes y se cierran sobre sí mismos, pues se ocupan de lo que les interesa y no de otras cuestiones. Como en el caso del deporte en Internet es territorio a abonado a los fans y se convierte en un instrumento fundamental para crear comunidad y fomentar el entusiasmo.

3.2. El entretenimiento en lo digital

Otra faceta nueva es la posibilidad de utilizar más a fondo el entretenimiento en la información. Como ya hemos comentado en un capítulo anterior, una tendencia que se ha impuesto ha sido la de potenciar en la comunicación el entretenimiento. Los medios digitales poseen más recursos que los tradicionales para hacer que la información sea más divertida. Posiblemente, las imágenes y otros recursos audiovisuales son la clave. Seguirán apareciendo nuevas posibilidades ya que la versatilidad de lo digital es inmensa.

El entretenimiento en el Periodismo Deportivo digital combina información, emoción y formato visual. Hoy incluye videos, memes, estadísticas interactivas, podcasts y transmisiones en vivo. Los contenidos buscan enganchar a audiencias activas en redes sociales, con narrativas ágiles, humor y análisis instantáneo. Ya no solo se informa: se conversa, se reacciona y se vive el deporte en tiempo real.

La cultura de lo gratuito y lo fácil, que ha impuesto Internet, ofrece ventajas, si bien no se pueden perder de vista los peligros que rodean a estas modalidades comunicativas. En principio, este modo de comunicación debería servir para una democratización de la sociedad (cualquiera tiene posibilidad de estar presente en la red y puede expresar libremente su opinión). Como ya hemos aludido al hablar de las burbujas, ese ideal no se ha hecho realidad como se pensaba, sino que está sirviendo para fomentar actitudes exclusivas; piénsese en que no se produce el acercamiento, sino la separación: si soy aficionado a un equipo, no me interesarán las noticias positivas del contrario, sino las negativas, con lo que detestarán más a aquellos que no forman parte de la red de aficionados a la que pertenezco.

4. Uso adecuado y tentaciones que se presentan

Ya hemos indicado que Internet ha supuesto una revolución en el Periodismo Deportivo. No es el momento de hacer una presentación muy pormenorizada y profunda de todo lo que ha cambiado y por eso van a ser únicamente cuatro aspectos concretos: la democratización de la información, la abundancia de contenidos, la interactividad y la espontaneidad.

4.1. Democratización de la información

Frente a los medios tradicionales, los que han surgido con el uso de Internet han supuesto que el acceso a la información sea más sencillo. En este sentido se puede hablar de que se ha producido una democratización. Si bien la mayoría de los que promueven la utilización de Facebook, Twitter, YouTube, Instagram, TikTok..., son periodistas que trabajan en medios analógicos; también es cierto que nos encontramos con que acceden a esos medios aficionados que no poseen una formación profesional –más específicamente, periodística– que si se suele exigir a quienes ejercen su trabajo en medios periodísticos.

Esa falta de profesionalidad lleva a no valorar las noticias que tienen una gran influencia, a no dar importancia al equilibrio informativo y utilizar al menos dos fuentes para contrastar; en definitiva, esas personas no formadas les falta criterio periodístico. Acerca de las fuentes, dedicaremos un capítulo más adelante. En cualquier caso, no son completamente fiables debido a que cualquier usuario puede producirla y difundirla. Esto trae como consecuencia que algunas informaciones crean confusión entre los lectores. Es necesario confrontar con el fin de que los bulos tengan menos espacio en Internet.

No es oportuno entrar en la discusión (ya superada, por cierto) de si los comunicadores deben obtener una formación universitaria antes de ejercer las correspondientes profesiones. Solo interesa indicar que el hecho que comprobamos es que en el mundo del Periodismo Deportivo ha disminuido la profesionalidad, pues los nuevos medios han hecho posible que cualquier aficionado esté en la red informando (esto en menos medida) y opinando. Son abundantes los argumentos en favor de esto, pero también hay que señalar los peligros de este proceso.

Ese acceso casi universal a la red supone que cualquiera que esté conectado tiene un derecho a opinar libremente y a difundir extensamente sus ideas, especialmente cuando son contrarias a las de otras personas. Como además no es necesario identificarse con el propio nombre, los participantes pueden actuar con casi total impunidad. El anonimato, que se acepta sin especiales críticas, facilita las actuaciones irresponsables. Piénsese en los habituales comentarios de aficionados en crónicas de partidos (si esas noticias quedan abiertas a la participación) entre equipos de gran rivalidad y cómo encontramos habitualmente expresiones que claramente son exaltadas e injustas. Lo que se publica no tiene ningún tipo de control o seguimiento por parte del Estado.

Por todo esto, se ha producido una devaluación de la información: cuando el bien es tan abundante pierde en consideración lo que se contiene en Internet, que es el mundo de la gratuidad, y, como vemos con los sucesivos intentos de instalar muros de pago, muchos de los aficionados no estén a favor de que se les cobre por acceder a los contenidos.

4.2. Abundancia de contenidos informativos

También es adecuado traer a colación otro peligro que supone la auténtica cascada de datos que reciben los usuarios del periodismo digital deportivo. La información para ser valiosa supone criterios de selección y esto no se produce cuando se puede acceder a tantos datos. Como consecuencia de este proceso, ha aumentado la falta de credibilidad de los medios en general, por contagio con las novedades. Pone en duda la libertad de expresión, así como el de la información, al hacer al periodismo más frágil. En este sentido, por desgracia, las redes sociales han ganado rápidamente este protagonismo tan poco ético.

Es cierto que la abundancia de contenido debe ser considerada, en primer término, como una fortaleza del periodismo digital. Nadie podría considerar como negativo que se dé más información. Ya se ha destacado que el universo periodístico se ha expandido de una manera apenas imaginable y esta es una clara ventaja respecto a lo sucedido hace pocos años.

En relación con lo anterior, la libre circulación a la que aludimos permite la interacción exclusivamente con los que tienen los mismos intereses. Si en el terreno político esto lleva a una radicalización que suele tener efectos poco deseables, también en lo deportivo tiene sus consecuencias negativas, pues suele llevar a fomentar actitudes fanáticas, que deberían evitarse.

4.3. Interacción con la audiencia

Podemos encontrar, conectada con la anterior, otra característica es la intensa interactuación que permite el periodismo digital. La cercanía con la audiencia permite llevar a cabo a los periodistas una labor que es más eficaz en términos de alcanzar al público del modo que a este le interesa. Por lo tanto, se puede considerar que es una ventaja para informar mejor.

Por supuesto que la audiencia agradece y utiliza las nuevas posibilidades que se le ofrecen. En términos de gratificaciones, está claro que la satisfacción es mayor cuando el producto que se consume responde a los propios gustos.

Dicho todo lo anterior, no se nos escapa que también hay consecuencias negativas.

Para los comunicadores la tentación que se les presenta es la de aprovecharse del emocionalismo de la audiencia. Trataremos más adelante esta cuestión de las emociones y por eso en el capítulo correspondiente habrá oportunidad de profundizar en este punto. Está claro que los medios digitales pueden tocar esas teclas de la sensibilidad que en el deporte afloran de manera llamativa. La explotación de recursos fáciles (triunfo, temor, expectativas de buenos resultados, etc.) no son criterios de calidad periodística.

Para la audiencia esa interactividad se puede convertir en un señuelo, que es atractivo (le dan lo que ella quiere), pero que, al final, puede convertirse en un narcótico. Un público enganchado es un ideal para las empresas, pero la cuestión es si la información está haciendo que sea mejor ciudadano, mejor persona. El periodismo no es un puro negocio y debe aspirar a mejorar a las personas. Y esto es válido, por supuesto, en el ámbito deportivo.

4.4. Espontaneidad

Y, por último, hemos de mencionar la frescura y espontaneidad que está trayendo el periodismo digital. Los medios tradicionales, en comparación con los nuevos, tienden a la rigidez y a quedarse en moldes que se han ido empleando desde años anteriores. La agilidad de las nuevas fórmulas y la capacidad de dar entrada a los jóvenes está haciendo que se movilicen nuevas energías y que el periodismo se vaya renovando de forma notable.

No se nos escapa que ese rejuvenecimiento está tintado de zonas grises. Lo más señalado es el empobrecimiento del lenguaje. En Internet se instaló el criterio de que no hay reglas y de ahí que las expresiones escrita y oral que encontramos en las páginas web y, sobre todo, en las redes sociales esté degradándose de forma continua. Las palabras malsonantes, las manifestaciones de falta de responsabilidad, la carencia de rigor y otras manifestaciones de bajo nivel también están presentes en medios de comunicación deportivos, a los que cabría pedir que aspiraran a elevar el nivel de la audiencia.

Resulta evidente que los comentarios críticos que han aparecido en los párrafos anteriores no se pueden aplicar a todos y a cada uno de los medios digitales deportivos. Se han presentado como peligros que conviene tener en cuenta, porque son reales, pero que se han de evitar con la buena intención de desarrollar una actividad periodística de calidad.

4.5. Los peligros del mal uso de Internet en el Periodismo Deportivo

Internet ha amplificado ciertos problemas en el Periodismo Deportivo, un ámbito caracterizado por la inmediatez, la pasión y la alta exposición mediática. Los principales efectos son:

1. Desinformación y bulos ("fake news"): circulación de rumores no verificados y manipulación de estadísticas, que crean expectativas falsas y dañan reputaciones. Opiniones disfrazadas de hechos en programas y redes, aumentando la polarización y la confusión.

2. Ciberacoso a periodistas: periodistas, especialmente los más visibles, son blanco de "trolls" y aficionados radicales. Las mujeres periodistas sufren habitualmente ataques sexistas centrados en su apariencia. El acoso provoca autocensura y afecta la independencia editorial.

3. Adicción a redes sociales y sobrecarga informativa: la necesidad de inmediatez fomenta un uso compulsivo de redes, que puede llevar a la fatiga digital. Se difuminan los límites entre vida personal y profesional, afectando el bienestar de los periodistas.

4. Amenazas a la privacidad y seguridad: los periodistas pueden ser víctimas de "hackeos" o filtraciones. La mala gestión de comunicaciones digitales pone en riesgo a las fuentes confidenciales. La búsqueda de información puede vulnerar la privacidad de los deportistas.

5. Emocionalismo y polarización: los algoritmos favorecen contenido emocionalmente cargado, que viraliza emociones y reduce el espacio para el análisis racional. Se crean burbujas de filtro y cámaras de eco (con las que se evita el contraste con ideas diferentes, y esto hace que se repitan los mismos puntos de vista, como un eco, generando una visión limitada o distorsionada de la realidad) que refuerzan sesgos y polarizan el debate. La inmediatez provoca reacciones impulsivas y simplificación de la información. El anonimato fomenta la desinhibición y exacerba los conflictos.

6. Impactos en el ecosistema del Periodismo Deportivo. Aceleración de la información. Cultura del "clickbait" que busca generar curiosidad o sorpresa para aumentar visitas, a menudo sacrificando precisión o profundidad informativa; se prioriza lo llamativo por encima del análisis. Desplazamiento de la información de calidad en favor de contenido emocional y viral. Pérdida de control editorial frente a "influencers" y figuras alternativas. Presión constante que disminuye el rigor y la verificación.

A la vista de lo señalado, el Periodismo Deportivo debe adaptarse a este nuevo ecosistema sin renunciar a sus principios de rigor, verificación y análisis, frente a un entorno dominado por la velocidad, el entretenimiento y la emocionalidad.

5. La información deportiva como parte del Periodismo Cívico

Más allá del entretenimiento y la cobertura de resultados deportivos, el Periodismo Deportivo desempeña una función social de gran importancia: fortalece el sentido de comunidad, difunde valores cívicos como el respeto, la solidaridad o el juego limpio, y estimula el debate público en torno a temas que van desde la ética en el deporte hasta la igualdad de género o la inclusión.

En este contexto, el enfoque del Periodismo Cívico adquiere especial relevancia. Inspirado por pensadores como Jürgen Habermas y John Dewey, este modelo entiende la comunicación no como una transmisión unidireccional de información, sino como un proceso participativo, en el que los ciudadanos son parte activa en la construcción del discurso público. Ahora las plataformas digitales hacen posible este enfoque: permiten que los aficionados comenten partidos en tiempo real, participen en encuestas, generen contenido en redes sociales o debatan en foros especializados.

Internet permite que el relato de los hechos se enriquezca, pues es más sencillo ya que es fácil ampliar, modificar o adaptar su información a los requerimientos del usuario. En este sentido, los informadores deben ser conscientes de las demandas informativas, capaces de crear espacios de colaboración con otros actores mediáticos, fomentar las iniciativas sociales y dinamizar a la comunidad, y así llevar a cabo un Periodismo Cívico o social más comprometido.

El Periodismo Cívico trata de integrar el periodismo en el proceso democrático. Los medios de comunicación no solo informan al público, sino que también trabajan para involucrar a los ciudadanos y crear de esta forma un debate público, en la línea de la esfera pública definida por Habermas. El movimiento de Periodismo Cívico critica la idea de que los periodistas y su audiencia son meros espectadores en los procesos políticos y sociales. En su lugar, según lo propone esta esta corriente, ha de buscar involucrar a los lectores y miembros de la comunidad como participantes.

Ya en los años 20 del siglo pasado algunos autores, Walter Lippmann y John Dewey por ejemplo, se plantearon que los periodistas deberían sopesar las consecuencias de las políticas que se están promulgando. La conversación, el debate y el diálogo públicos eran fundamentales en la democracia y que el periodismo tiene una parte importante en esos procesos. Décadas más tarde, el argumento de Dewey fue explorado más a fondo; Jay Rosen y Davis Merritt acuñaron la expresión de periodismo público. Rosen explicaba que "el periodismo público trata de ubicar al periodista dentro de la comunidad política como un miembro responsable con un interés pleno en la vida pública. Pero no niega la importante diferencia entre periodistas y otros actores, incluidos líderes políticos, grupos de interés y los propios ciudadanos ... En una palabra, los periodistas públicos quieren que la vida pública funcione. Para que funcione están dispuestos a declarar el fin de su neutralidad en determinadas cuestiones, ejemplo: si una comunidad se enfrenta a sus problemas, si la política se gana la atención que reclama".

El objetivo del Periodismo Cívico, por tanto, es conseguir que la comunidad permanezca comprometida con los periodistas y los medios de comunicación, se trata de restaurar los valores democráticos y reconstruir la confianza del público en el periodismo. Los defensores del Periodismo Cívico creen que su propuesta permitirá a las personas tener más voz en la toma de decisiones y en la esfera política más amplia.

De esta manera, el Periodismo Deportivo ya no es solo un narrador externo, sino un mediador que facilita la conversación colectiva. El periodismo es cívico cuando promueve la participación activa de la comunidad y fomenta el diálogo en torno a valores democráticos. Más allá de informar sobre resultados o fichajes, busca involucrar al público en cuestiones de interés colectivo, como la violencia en los estadios, la igualdad de género en el deporte o la ética profesional. A través de encuestas, foros, comentarios o redes sociales, los aficionados se convierten en interlocutores válidos. Ejemplos como debates sobre el racismo en el fútbol o campañas por el deporte femenino muestran cómo el periodista actúa como mediador, reconstruyendo la confianza y fortaleciendo la voz ciudadana.

El uso de fuentes

El Periodismo Deportivo debe manejar fuentes de calidad para garantizar información veraz y objetiva. "El periodista siempre utiliza buenas fuentes", ya que esto fortalece su credibilidad y permite ofrecer análisis precisos. Las fuentes pueden ser directas, como declaraciones de atletas, entrenadores o dirigentes, o indirectas, como estadísticas y reportes oficiales. La verificación de datos es esencial para evitar la difusión de información errónea. Un Periodismo Deportivo riguroso contribuye a una audiencia mejor informada y a la profesionalización del sector.

Con su habitual humor, Chesterton definió su profesión en una frase "El periodismo consiste esencialmente en decir 'Lord Jones ha muerto' a gente que no sabía que Lord Jones estaba vivo". Efectivamente, los medios de comunicación llevan a cabo una labor de mediación entre los acontecimientos y la audiencia, les da a conocer a esta última lo que juzga que es importante que sepa.

Como en la mayoría de los casos no se puede contar con un profesional que sea el que aporte el testimonio directo, es necesario contar con fuentes que aporten la materia prima. En un partido transmitido, los espectadores siguen en directo lo que suceda en el terreno de juego y no hay necesidad de mediación, pero, por ejemplo, la previa que se suele hacer exige entrevistas y tomar declaraciones a muchas personas, que se convierten en las que cuentan lo sucedido o aportan datos, sin más.

El Periodismo Deportivo adquiere valor en la medida de que maneje fuentes suficientes y que posean riqueza. Tradicionalmente, se ha mostrado mucho interés en conseguir testimonios que aporten datos oportunos. La calidad de la labor periodística depende, en gran medida, de que se pueda hacer realidad este ideal.

1. Las fuentes caracterizan la calidad y la especialización en el periodismo

Por fuente periodística se entiende todo aquel emisor de datos (cualquier entidad, persona, hecho o documento que provee de información al periodista) del que se sirve el profesional de los medios de comunicación para elaborar el discurso narrativo de su producto informativo.

1.1. Manejo de fuentes

Las fuentes informativas son, como se sabe, un aspecto esencial de la actividad informativa, puesto que influyen y condicionan, de manera determinante, el proceso de producción de noticias y otros productos informativos. Las fuentes informativas lo impregnan todo, convirtiéndose así en un vértice central de la actividad periodística. Es decir, son ese eslabón intermedio, que no sólo no se puede soslayar en el ciclo informativo, sino que además se presentan como un elemento fundamental en la construcción del relato periodístico.

Por tanto, y como las fuentes forman también parte de la audiencia, la tarea del periodista comienza propiamente con su análisis, puesto que cuando un profesional puede confrontar diferentes fuentes construye su propia interpretación de la realidad. Puede considerarse como fuente informativa a una persona o grupo de personas, organizadas o no, que han sido testigos y conocen los hechos que el periodista acabará por convertir en noticia. Para averiguar su validez necesitamos a las fuentes primarias, testigos directos, y para contrastar, sin duda una amplia panoplia de fuentes, que den respuesta al porqué de las causas.

Es necesario, pues, que los periodistas seleccionen sus fuentes y las valoren. El primer paso es elaborar una lista con los contactos, de aquellas instituciones e individuos de los que haya que informar. Después es necesario buscar unas características que deben cumplir, como son autoridad, credibilidad, accesibilidad, disponibilidad o productividad.

Después de los testigos directos que puedan existir, los informadores han de echar mano de sus contactos, de fuentes fiables que pueden garantizar una información solvente y privilegiada. Puede ser conveniente entrar en contacto con otras secciones de la redacción que puedan tener datos interesantes, puesto que, al menos en teoría, cada una de ellas deben de contar con sus propias fuentes estables y permanentes que sean de utilidad.

Ahora bien, resulta casi imposible recurrir a ellas si no ha existido previamente y durante un tiempo, más o menos largo, una relación de conocimiento y confianza entre periodista y fuente. Es necesario haber acumulado previamente algunas experiencias positivas entre ambas partes para que esa relación se afiance. En esta relación simbiótica, la agenda del periodista, y su red de fuentes de información, se va reconstruyendo permanentemente, ya que suele ocurrir que ese núcleo de relaciones está en continuo cambio.

La carencia de testimonios fiables, capaces de respaldar las hipótesis esbozadas en los días posteriores a la catástrofe, puede guardar también una estrecha relación con el estado actual del periodismo de fuentes en España, y con el paulatino abandono del trabajo con fuentes propias.

Por consiguiente, no es sólo que se lamente la ausencia de ese periodismo de fuentes. La principal consecuencia de esta carencia, la constituyen sin duda los relatos omitidos; es decir, aquellos sucesos noticiables de los que apenas se habla, y que pasan desapercibidos, o casi, para los informadores, y, por tanto, desconocidos para los ciudadanos.

1.2. Situaciones difíciles en relación con las fuentes

Observamos cómo habitualmente los medios deben seguir unas pautas para resolver diferentes problemas.

En primer lugar, puede encontrarse una dificultad para acceder a fuentes primarias, incluso a fuentes oficiales, con carencia de emisores especializados. También puede haber un uso muy escaso de fuentes secundarias, tales como documentos, estadísticas, informes. En caso de que no se busquen y encuentren los datos necesarios una grave carencia por parte de informadores y medios.

Otra es la tendencia instalada de utilización de fuentes oficiales, y un deficiente empleo de fuentes especializadas. No es que haya que evitar los comunicados o manifiestos generados por instituciones, sino que no hay que utilizar ese material y confrontarlo con los datos obtenidos, sobre todo porque las oficiales son interesadas.

Puede haber una falta de una tarea de elaboración de diferentes fuentes. Esto es que se denomina alcanzar equilibrio informativo, es necesario combinar varias fuentes y tener cuidado porque si solo se acude a una fuente, que es interesada, el resultado final sería muy deficiente.

Si las fuentes no son solventes resultará un periodismo lleno de imprecisiones, en el que las hipótesis más o menos fundadas, las noticias no comprobables y las puras especulaciones desplazan a los hechos. No es raro que los comunicadores hayan estado más preocupados por transmitir el "pathos" que el "ethos" de los acontecimientos.

1.3. Teoría sobre las fuentes

Es interesante incluir aquí una cuestión teórica acerca de este tema. Herbert J. Gans ofreció una explicación acerca de las relaciones entre fuentes, periodistas y público, y cómo pueden expresarse científicamente esas relaciones. El proceso general de las relaciones entre fuentes, periodistas y audiencias, explica, "se parece más a una lucha crítica entre estos bandos que a un organismo funcionalmente interrelacionado".

Transmitir la información de las fuentes a los periodistas constituye una relación de disponibilidad, las fuentes están disputando para que la información de que disponen llegue a los periodistas. Unas personas poseen mucha más información que otras, es decir, que la información es un concepto combinatorio. Ha detallado más que otros autores la estrecha relación existente entre la información periodística y la estructura social fuera de la redacción; y la relación existente entre la información periodística y la estructura económica organizativa que rodea a la información periodística tanto dentro como fuera de la organización.

Las fuentes no acceden a los periodistas de manera uniforme. No hay que hablar únicamente de la distancia social entre quienes tienen más dinero o pertenecen a una clase social más elevada, sino del poder con que cuentan. Gans concreta razones: los poderosos tienen un mayor nivel de educación, se saben expresar mejor y son más divertidos que quienes carecen de poder. Por eso, la información que les es accesible a los periodistas no es caótica, sino que viene ya ordenada, jerarquizada y diferencialmente distribuida.

Que los periodistas transmitan la información a las audiencias constituye una relación de adecuación, que revela lo necesarios que son los periodistas como profesionales y parte de una organización periodística. Los periodistas que transforman la información disponible en información adecuada no trabajan aisladamente. Aunque la tecnología va facilitando cada vez más este trabajo individualizado, están inmersos en una organización comercial. Además, forman parte de una profesión. Al ser este hecho comprobable, las fuentes y las audiencias intentan influir en los periodistas. Puede tratarse de individuos poderosos o de grupos de presión, entre los cuales ocupan un lugar muy destacado los grupos de presión política. Gans habla de un proceso circular: las fuentes no pueden dirigirse, en muchos casos, a las audiencias si no es a través de los periodistas y por vías de información periodística, con lo cual el proceso no es lineal.

Los periodistas no operan, no fabrican la información, como si fueran computadoras, sino que seleccionan la información y las fuentes que consideran más adecuadas para las audiencias. Lo cual, en muchas ocasiones, no es del agrado de las fuentes y se producen tensiones y conflictos. Por otra parte, las audiencias no son, y cada vez menos, lo dóciles que se suponen. Cuando las audiencias se organizan y toman conciencia de su poder, de que son quienes proporcionan una parte de los ingresos económicos que la organización necesita, influyen en las operaciones de los periodistas. Lo cual también produce tensiones. Los lectores, oyentes, telespectadores tienen en su mano la posibilidad de rechazar lo que leen, oyen y ven, de organizar la protesta, de combatir las elecciones o manipulaciones de las fuentes y de los periodistas y, en definitiva, de cambiar el estado de cosas existente. Cosa muy distinta es si los periodistas hacen caso de las presiones de la audiencia en la misma medida en que atienden a los intentos de influencia por parte de ciertas fuentes.

2. Tipología de las fuentes periodísticas y criterios de uso según su naturaleza

Conviene diferenciar las distintas clasificaciones de las fuentes, para así poder comentar al respecto algunas precisiones.

2.1. Cuidar la información y valorarla

La clasificación más extendida de las fuentes periodísticas es aquella que distingue entre fuentes primarias y fuentes secundarias; en este caso la diferenciación se basa en la relación con el objeto de conocimiento. Así, fuente primaria es aquella que está informada por su propia participación en el hecho noticiable, como parte participante o como testigo de lo que ha ocurrido. Por su parte, la fuente secundaria es aquella que interpreta, pone en contacto y analiza las fuentes primarias. Esta clasificación permite distinguir el grado de manipulación al que ha sido sometida la información antes de llegar al periodista y ofrecerse a la audiencia.

Según la fiabilidad de la fuente podemos establecer una categorización en función de los intereses que puedan tener las fuentes a las que acudimos. En concreto, interesa destacar la particularidad de las fuentes interesadas, que suelen estar implicadas en aquello de lo que se informa y que sólo pueden ofrecer una versión parcial de los acontecimientos, para su propio beneficio. Las no interesadas pueden ser más imparciales por no buscar un beneficio directo.

Cabe distinguir entre fuentes utilizadas y mencionadas. En principio, las mencionadas son también utilizadas, pero no todas las utilizadas son mencionadas. Es decir, nos encontramos en dos niveles distintos: uno el de la producción y otro el de la difusión. En el uso de las fuentes mencionadas se debe destacar que la fuente citada más abundantemente es la categoría de "otros medios".

En función de la particularidad en el uso de la fuente se distingue entre las que son exclusivas del medio y las fuentes compartidas. Para el medio de comunicación es garantía de reconocimiento el poder ofrecer una información en exclusiva, que proviene de una fuente de la que tan sólo ese medio puede beneficiarse. A veces no se trata sólo de la exclusividad de la información sino de la fuente, que puede tener complementos de valor añadido. En el caso de la información deportiva la búsqueda de la noticia bomba suele caer en el sensacionalismo. Ejemplos son muchos, si bien el que se lleva la palma es de los futuros fichajes de jugadores por parte de equipos. No es raro que haya una auténtica catarata de reacciones y, sin embargo, no es raro que la noticia no esté contrastada y al final sea falsa. El pisotón, como solía decirse antes en el argot, puede ser una lacra para quienes estén involucrados en él.

Como sucede en otras modalidades periodísticas, en el caso del Periodismo Deportivo también encontramos un fenómeno curioso: el primer medio que proporciona una exclusiva suele ser el de referencia para los demás. También se produce el efecto de no seguir con suficiente intensidad lo que otros ya están dando. En esta línea, piénsese la situación que tiene lugar cuando un periódico tiende a mirar con simpatía a un determinado equipo (el Fútbol Club Barcelona, por poner un caso) y con antipatía a otro; no es raro que en el primer supuesto el tratamiento informativo sea mejor para que resulte más simpático.

Según la fiabilidad de la fuente podemos establecer una categorización en función de los intereses que puedan tener las fuentes a las que acudimos. En concreto, es oportuno destacar la particularidad de las fuentes interesadas, que suelen estar implicadas en aquello de lo que se informa y que sólo pueden ofrecer una versión parcial de los acontecimientos, para su propio beneficio. Las no interesadas pueden ser más imparciales por no buscar un beneficio directo.

2.2. La atribución

Dentro de este apartado puede ser útil distinguir entre fuentes formales e informales. Las formales son las de atribución directa y las fuentes informales no. En este caso hay una atribución con reservas: fuentes que actúan bajo la "regla de la reserva". La fuente no desea ser identificada, es decir, no quiere que aparezca su nombre directamente. Sin embargo, se pueden citar contextos y retransmitir palabras. Ejemplo: "Fuentes próximas al presidente aseguran que...". Otra atribución puede ser una reserva obligada: actúa bajo la regla del plagio. Se protege todavía más la privacidad y el anonimato de la fuente. Se oscurece el contexto en el que se ha obtenido la información y e escribe de forma que el periódico parezca haber obtenido los medios por otros medios. Ejemplo: "Este periódico ha podido conocer...".

Según sea la petición expresa de la persona, la actitud de la fuente puede afectar directamente a la información, ya que de la atribución que se dé a los datos conocidos dependerá, en mayor o menor grado, la fiabilidad de la información. Se pueden encontrar diferentes modalidades de atribución.

Una es la que se da cuando las declaraciones son de atribución directa, es decir el periodista tiene autorización para nombrar la fuente. Esto es lo ideal y lo que hay que buscar, porque de ese modo aumenta la credibilidad, un mayor rigor informativo.

Otro supuesto es el de Información con atribución reservada; caso relativamente frecuente. El periodista oculta la identidad de la fuente. Es una fórmula utilizada por quienes desean ofrecer información "intoxicada", por lo que es recomendable sospechar de ella y preguntarse por la intención o los intereses del informante. Cualquier entrevista a deportistas, por ejemplo, lleva aparejada un alto nivel de subjetividad. Relacionado con esto está resulta tópica y de escaso valor la típica pregunta sobre "lo que se siente" después de una victoria o una derrota, que da lugar a contestaciones muy pobres, aunque sean sinceras. Esto supone una escasa atención al equilibrio exigido, sobre todo cuando una o dos partes defienden posturas contrapuestas.

Es distinto cuando el periodista recibe una información confidencial ("Off the Record"), no publicable. Es una información para uso exclusivo de él; sin embargo, podrá hacer uso de ella si ha sido verificada por otras fuentes. Suelen ser confidencias que pueden ayudar a conocer mejor una determinada situación y a las que no pueden llegar otros medios. Hay que alertar sobre el peligro evidente de que se pueda establecer una relación indeseable entre el informador y quien ha pedido silencio.

Una variante del "Off the Record" sería la "regla de embargo", en la cual se pacta entre la fuente y el periodista que este no puede hacer pública una información hasta un momento concreto en que será publicable. Un ejemplo podría ser el de un periodista que conoce el día anterior de una entrega de premios quién será el ganador.

2.3. Expertos y aficionados

Según el grado de conocimiento la clasificación más extendida de la tipología de fuentes periodísticas es aquella que distingue entre fuentes expertas y fuentes comunes o populares, donde la diferenciación se basa en la relación con el conocimiento profundo de un tema sobre el que opinan. Los expertos suelen ser la referencia en el caso de que la información que se quiera elaborar exija una base de conocimiento que está por encima del que suele tener una persona media; aquí encontramos a anteriores deportistas o entrenadores, que se puede considerar expertos. Son fuentes populares las que ofrecen los aficionados o quienes pasan por la calle. Serían los típicos reportajes previos o posteriores a un partido en los que se pulsa la opinión de la afición.

Según el origen de la información un factor importante es la diferenciación entre la fuente de procedencia de la noticia y varias fuentes que se consultan para la confección de la noticia. Por otro lado, están las fuentes complementarias, que son aquellas que sirven para completar y contrastar la noticia.

Según su identificación podemos establecer una categorización en función de la confidencialidad de la fuente, y así nos encontramos con fuentes públicas y fuentes anónimas. Por fuente pública se entiende aquella que puede identificarse y definirse como origen o complemento de la información. Las fuentes anónimas son las que no podemos publicitar y que forzosamente han de quedar ocultas en el proceso de la recolección informativa. El uso de las fuentes anónimas puede estar justificado cuando la persona en cuestión que es más oportuno mantener su anonimato, para protegerse de eventuales consecuencias negativas.

Acerca de los procedimientos en el uso de fuentes: de las fuentes implicadas a las especializadas. El sentido común indica que lo primero que hay que buscar son las fuentes implicadas, los que han visto un partido, o las declaraciones de los propios deportistas, etc. Pero no termina ahí el proceso, puesto que, normalmente, pueden consultarse fuentes especializadas, ya que aportan una visión más amplia que la que pueden ofrecer los protagonistas, que cuentan lo personal. Son gente con más trayectoria y conocimientos que sirven para completar.

Hay que estar prevenidos del mal de la fuente única, pues utilizar exclusivamente una sola es mal periodismo. Con un medio deportivo que responde a la perspectiva que tiene un aficionado, este tema todavía se compadece peor. Parece que la fuente tiene que ser la que aporte la información que se busca.

Otro peligro se da por el manejo inadecuado de las fuentes oficiales, puesto que en general, hay que prevenirse de cuál es la intención de quien sale para dar a conocer algo. Las fuentes oficiales son implicadas, testigos directos que dan la información o la originan. Hay que tener un cuidado delicado con su manejo, puesto que quienes la emiten son gente especializada en conseguir que ese mensaje sea convincente.

La nueva situación creada con las redes sociales y su uso abre perspectivas aún más complejas para analizar. Habrá que ir profundizando en su conocimiento, si bien parece conveniente aplicar los mismos criterios que se emplean habitualmente.

3. Rutinas profesionales en relación con las fuentes

Para iniciar la construcción de la noticia el periodista debe recurrir a fuentes fiables y verificables. Obtener la información ha de llevar consigo acceso a las fuentes y comprobar su confiabilidad. Estas son las tareas centrales del periodista para iniciar la construcción de la noticia.

3.1. Evitar rutinas empobrecedoras

La disponibilidad de fuentes confiables, productivas y accesibles es condición básica para el desempeño de la tarea periodística. Sin embargo, la relación de los periodistas con las fuentes en una rutina periodística se puede traducir en lealtades complejas y de "contratos" tácitos, tanto por parte del medio como de forma personal con los que alcanzar una supuesta exclusividad en un momento dado. La relación entre el periodista y la fuente está construida sobre la presunta confianza que entre ambos se establezca. Pero un abuso de confianza entre ambas partes puede llevar a la falta de rigor informativo y a caer en el intercambio de informaciones interesadas, provocadas o poco objetivas.

En cualquier medio se dan criterios de valoración de las noticias y las etapas de producción como rutinas periodísticas. La posibilidad de que la construcción de la noticia se organice en una rutina facilita el trabajo y permite hacer frente más eficazmente una información de último momento.

El hecho de que las agendas temáticas de un medio sean recurrentes, es decir habituales, lleva a contactar con fuentes productoras de información, y así los medios se aseguran de tener una continuidad y homogeneidad de los temas tratados. Y es aquí cuando suele olvidarse o dejarse en segundo plano la verificación de las fuentes, pues el trabajo organizado y rutinario, la agenda establecida, además del escaso tiempo del que se dispone, hace que no se contrasten las informaciones adecuadamente y se caiga en una "rutina" de información basada en argumentos pobres y, en ocasiones, interesados. Por ello es beneficioso tener una serie de contactos o fuentes habituales de las que servirnos, en ocasiones, para contrastar o consultar posibles informaciones, pero sí es contraproducente una abundante confianza o una estrechez entre un periodista y la fuente.

3.2. El equilibrio ideal

Es necesario, antes de publicar una información, comprobar todos y cada uno de los datos que aportemos, por sencillos que parezcan. Hay que contrastar la información que aporta nuestra fuente, que corresponde con la realidad de los hechos, para lo cual, habrá que consultar con más de una fuente. Existen varios principios que guían la labor del periodista, pero cabe destacar como principal el respeto a la verdad, el rigor en la búsqueda de la información fidedigna y verificable. En general, se considera buen periodista al que consigue información relevante, breve y exacta en el menor tiempo posible.

Sin embargo, en muchas ocasiones estos objetivos chocan entre sí y el ejercicio de uno puede perjudicar al ejercicio de otro. Por ejemplo, cuando en un medio se busca la exclusividad y ser el primero en dar la noticia, el tiempo juega un papel esencial. Ser el primero significa llegar antes que otros a una información que será publicada lo antes posible y así ser el medio de referencia. Pero esta falta de tiempo puede perjudicar con toda seguridad a otro objetivo indispensable del periodismo y es la verificación de los datos y las fuentes que nos proporcionan esos datos exclusivos. Si actuamos de esta manera estaremos dando una información anticipada y en muchos casos incorrecta o incompleta, llegando a la desinformación.

El buen periodismo solo es tan bueno como nuestras fuentes de información. La mayoría de esas fuentes son personales, muchas son oficiales y algunas son anónimas. Todas ellas proporcionan a los periodistas la savia de su oficio: información fiable, precisa y veraz. Los periodistas deben ser lo más transparentes posible en sus relaciones con las fuentes. Los medios de comunicación tienen un gran poder y la gente puede sentirse halagada cuando los reporteros se acercan a ellos sin comprender plenamente los riesgos que corren ellos mismos y los demás cuando salen a la luz pública. Esto es especialmente cierto en el caso de personas atrapadas en catástrofes humanitarias, guerras u otros acontecimientos traumáticos.

Los periodistas tienen que evaluar la validez de las fuentes, así como su riqueza como proveedores de información. Tienen que explicar el proceso de su periodismo y por qué están cubriendo la historia. Salvo en las circunstancias más extraordinarias, no deben utilizar subterfugios o engaños en su trato con las fuentes.

4. *Algunas situaciones específicas del Periodismo Deportivo*

4.1. Gran conocimiento del tema

Los periodistas no pueden trabajar sin un suministro constante de información. Una de las principales habilidades de todo informador que se precie es ser capaz de escribir con cierta autoridad sobre cualquier asunto, tenga conocimiento previo de ese tema o no. Sin embargo, los periodistas especializados pueden adquirir con mayor rapidez un conocimiento en profundidad de su materia. Deben hacerlo porque a menudo su audiencia (en este caso los aficionados al deporte) también estará muy bien informada.

Los periodistas deportivos suelen poseer un extenso conocimiento previo sobre el deporte, ya que son personas que siempre han estado interesadas en la materia. Quizá sepan mucho acerca del deporte en general, pero la mayoría de los periodistas deportivos están especializados en una disciplina concreta. Sólo los más destacados están capacitados para cubrir cualquier parcela de la información deportiva.

Así, el bagaje previo que tienen los periodistas sobre el deporte que cubren y todo lo que le rodea suele ser la fuente de información más útil. Esas nociones permiten anticiparse a las historias y a las reacciones que generan, completándolas con nuestros conocimientos. Nuestro saber previo acerca del deporte que cubrimos también nos permite averiguar quién puede ayudarnos a confirmar determinadas noticias y cómo llegar a esas fuentes rápidamente.

4.2. Atención a las fuentes interesadas

Hay un exceso de fuentes interesadas en el Periodismo Deportivo y, en muchas ocasiones, los periodistas hacen lo que pueden. Uno se debe a su público y se sabe que va a tender a dar un giro en la línea que corresponda a la audiencia. En ese contexto de medios no equilibrados, se va superponiendo todo ese mundo de instancias del entorno del deporte que se convierten en fuentes de información que son interesadas, lo que es un problema.

En general, cualquier modalidad del periodismo se califica como mejor en la medida en la que tiene más fuentes expertas. No ocurre igual en el Periodismo Deportivo, pues los periodistas se interesan más por los protagonistas, por tener las exclusivas y tener la información de forma rápida.

Todo lo dicho anteriormente significa que hay que construir una red de contactos de personas del mundo del deporte que estén dispuestas a hablar sobre sí mismas y su entorno o sobre otros deportistas, entrenadores, clubes, árbitros, órganos de gobierno, etc. Tener contactos significa construir una relación de confianza entre el periodista y la fuente, que necesita tener garantías de que la información que ofrezca se va a tratar con responsabilidad. En particular, la fuente quiere tener la tranquilidad de que la información de contexto que proporcione al periodista no saldrá a la luz. Esto es esencial cuando hablamos del "off the record".

Son las conversaciones "off the record" las que pueden generar problemas. Cuando la información se publica sin ser atribuida, hablamos de una información no atribuida. Esta práctica es poco común en el deporte y se utiliza sobre todo en dos casos: cuando algunos agentes de deportistas quieren que ciertas informaciones aparezcan en los medios en beneficio de sus clientes (el deseo de cambiar de club de un futbolista, por ejemplo) y cuando los gobernantes de distintos países coinciden en la antesala de un gran evento deportivo, como por ejemplo las convenciones en las que se designan las ciudades que albergarán los Juegos Olímpicos. En estos casos se suele tender a citaciones ambiguas como "en el club", "un destacado dirigente", "un miembro del equipo", "un integrante de la delegación", etc.

Los contactos habituales del periodista tienen que ser conscientes de estas reglas cuando los informadores hablen con ellos. Esto es esencial en los primeros compases de la relación; cada uno tiene que saber cuál es su sitio y entender de qué forma se va a dar o tratar la información.

4.3. Contactos y relaciones personales

Crear una agenda de contactos más o menos extensa no es una tarea complicada. A mucha gente le gusta aparecer en los medios, pero esto no significa que sea precisamente fácil conseguir los números de teléfono de los grandes ases del deporte. Éstos se ven asediados por los medios y salvo que hayas construido una relación de confianza con ellos cuando todavía se estaban haciendo un nombre, la única manera de llegar hasta ellos es a través de sus clubes o agentes.

Las fuentes que un periodista escoge para contar una historia afectan a la credibilidad y a la autoridad de las piezas que elabora. Citar a una fuente no atribuida dentro de un club, por ejemplo, no goza de la misma autoridad que citar a un entrenador o a un presidente. Paralelamente, la opinión de los aficionados tiene mayor credibilidad si representa a un grupo considerable de personas.

Toda esta información también es accesible para el periodista a través de la web del equipo en cuestión. En ella se puede encontrar mucha información de contexto: fichas de los integrantes del equipo con su biografía y estadísticas, vídeo-resúmenes de los partidos, fotografías, direcciones de interés. Es recomendable que los periodistas visiten los sitios oficiales de uno y otro equipo antes de la disputa de un partido. Muchos aficionados lo hacen y los informadores deberían saber al menos tanto como su audiencia.

El trato directo con entrenadores y jugadores es una opción disponible regularmente para los periodistas, que tienen acceso a las sesiones de entrenamiento y que pueden entrevistar a los deportistas después de estas. Los entrenadores comparecen en ruedas de prensa un par de días antes de los partidos para responder a las preguntas de los medios y dar detalles sobre las lesiones y la convocatoria.

Las entrevistas y la información interesada

El Periodista Deportivo debe tener cuidado con las fuentes interesadas, ya que pueden distorsionar la información para favorecer ciertos intereses. Las entrevistas aportan una visión subjetiva, pues reflejan la perspectiva del entrevistado. Por ello, el periodista debe aplicar criterio periodístico para elegir personas y temas de interés, garantizando diversidad y equilibrio informativo. En televisión, los entrevistados muestran rasgos físicos y voz, lo que enriquece la comunicación y permite al público interpretar emociones y actitudes. Un periodista responsable contrasta versiones y verifica datos, evitando sesgos que afecten la objetividad y la calidad del Periodismo Deportivo.

La palabra "entrevista" se inspira en la francesa "entrevue", es decir encuentro entre dos o más personas. A finales del siglo XIX, la palabra "interview" se tomó del francés y significaba lo mismo que "entrevue". Más tarde, como género periodístico, se especializó para referirse específicamente a un intercambio de preguntas y respuestas entre un periodista y una persona de la vida pública.

Fue en los últimos veinte años del siglo XIX cuando la práctica de la entrevista comenzó a extenderse en la prensa francesa, obligando a personalidades destacadas a someterse a las preguntas, a veces insidiosas, del entrevistador. El entrevistador más célebre de la Belle Époque fue Jules Huret, que publicó dos libros de entrevistas que se hicieron rápidamente famosos: *Encuesta sobre el desarrollo literario* (1891) y *Encuesta sobre la cuestión social* (1897).

En España, por esa época, Rafael Mainar (*El arte del periodista*, Sucesores de Manuel Soler, Barcelona 1906) se refería a este género periodístico y escribía: "Una forma precisa y preciosa, hoy muy en boga es la 'interviú', como se escribe (...) y que significa algo más que entrevista, conversación o interrogatorio, y que es todo esto junto. He aquí la forma más completa cuando la información ha de referirse a ideas o intenciones, a impresiones y pareceres, de quienes, por razón de la actualidad, adquieren relieve para que su pensar y sentir pueda interesar al público del periódico".

Sirva esta referencia histórica como introducción para tratar de un tipo de artículos que encontramos con profusión en el Periodismo Deportivo.

Como instrumento para obtener datos en las entrevistas se analizan fuentes primarias. Esto hace que sea un procedimiento habitual. Se puede hablar de un estilo o un modo de utilizar la entrevista para obtener datos que no tienen por qué ser del mismo modo que otros medios, cada uno tiene su propio estilo.

1. Características generales de la entrevista periodística

Al tratar de la entrevista hay que diferenciar las diversas modalidades que puede tener. Para los reporteros es un instrumento fundamental, pues las declaraciones de los protagonistas son materia periodística de primer orden. Las ruedas de prensa pueden considerarse que son otro tipo. Además de estas formas están las conversaciones detenidas, en las que se puede tratar un tema más profundo, y en las que el factor personal juega un papel clave.

Las ruedas de prensa son un elemento habitual en la mayoría de los medios. Los portavoces y personas designadas al efecto comparecen ante un conjunto de periodistas, responden preguntas y les hablan.

A la hora de preparar la entrevista es primordial pensar cuál es el orden más idóneo de las preguntas. Es bueno pensar qué puede ser más adecuado, no sólo según los intereses propios, sino también los del entrevistado. De ahí que tenga importancia ganarse la confianza de la persona. Se recomienda evitar el rechazo que pueda suscitarse por empezar de modo brusco, con cuestiones más controvertidas o por obligar a abordar temas inconvenientes.

Circulan por Internet (véase, por ejemplo, el vídeo acerca de las entrevistas tontas (When Interviews Go Terribly Wrong): https://www.youtube.com/watch?v=okqEpX07e3g), entrevistas en las que se asiste a enfrentamientos entre el entrevistado y el entrevistador. Por parte de este último, se aprecia una actitud agresiva, que se centra en que esté incómodo el futbolista, en que se sienta atacado por el ingenio del que formula la pregunta. El conjunto humorístico de esa selección no puede dejar de mostrar los comportamientos rechazables de algunos periodistas al entrevistar.

Algo similar puede ocurrir en las ruedas de prensa, en las que no es raro que los periodistas parece que quieren demostrar a los otros colegas que saben tratar temas controvertidos. Con lo cual se establece un ambiente que puede calificarse como tóxico. No parece que sea ese el fin que debería tener una rueda de prensa.

Cuando se hace una entrevista en profundidad se refiere a una persona que es protagonista de un hecho, que está involucrada o implicada en una actividad, en un acontecimiento y se supone que será una conversación agradable y amable. La inclusión de la persona siempre le da un especial atractivo a la audiencia. Cuando nos encontramos con información personal, es más interesante.

Son puntos fuertes de esta modalidad algunas características que posee: protagonismo, interés humano, entrevistar a alguien que normalmente no concede entrevistas o no ha sido entrevistado anteriormente por el propio medio; y otros tendrán que ver con los criterios generales de interés periodístico de los acontecimientos que dan lugar a la entrevista: actualidad, novedad, rareza, proximidad, prominencia, etc.

2. El interés humano en el periodismo

Es muy raro, de forma general, que alguien afirme que no le interesa en absoluto el deporte. Esto quiere decir que a esa persona no le gustan los deportes que son los más seguidos en su entorno y que englobe todas las modalidades. Seguro que si se pregunta por otras modalidades habrá alguna que sí le gusta.

A las personas, en general, les interesa alguna clase de deporte y no es raro que se les aconseje por motivos de salud. Qué duda que sirve para mejorar la vida, para vivir mejor, para divertirse y entretenerse.

2.1. El interés humano y la selección informativa

Ahora nos centramos en el periodismo. Los artículos de interés humano tienen como objetivo destacar un tema de desarrollo específico desde la perspectiva de una persona o de un grupo de personas. El que poseen radica en su capacidad para relacionar los problemas con la vida real y mostrar claramente la relación que hay entre las grandes cuestiones que preocupan a la sociedad y sus repercusiones en la vida de la ciudadanía. Su carácter personal contribuye a que el lector o espectador conecte con problemas. Así, crean un vínculo de empatía y entendimiento basado en una humanidad compartida.

Pamela Shoemaker y Tim Vos definieron la tarea de "gatekeeping" (control de acceso, traducido) como "el proceso de selección y elaboración de innumerables bits de información en el número limitado de mensajes que llegan a las personas todos los días, y es el núcleo de la tarea de los medios en la vida pública moderna. Este proceso determina no solo qué información se selecciona, sino también cuál será el contenido y la naturaleza de los mensajes".

En el ejercicio de su función de "vigilancia", todos los medios noticiosos tienen una gran cantidad de noticias que, a los reporteros, a los servicios de agencias y a una variedad de otras fuentes, llama la atención diariamente. Solo una pequeña parte se utilizará, debido a la limitación de tiempo o espacio disponible por el medio en cuestión. Dentro de cualquier organización de noticias existen criterios para determinar qué hechos merecen ser noticias. Se trata de un conjunto de ideas que incluye un abanico complejo de criterios para decidir sobre una noticia en particular, y está basado en las necesidades económicas del medio, la política organizacional, las definiciones de interés periodístico ("News Values"), las demandas de la audiencia y las creencias sobre la función de los periodistas como cuarto poder.

Esta manera de enfrentarse a las noticias y los criterios para elaborarlas son utilizados por los editores, jefes de sección y otro personal. Quien se encarga de elaborar la información la codifica de manera que satisfaga los requisitos del medio y los gustos de la audiencia. Por lo tanto, el personal de la organización de noticias se convierte en guardián, dejando que algunas historias pasen por el sistema, pero manteniendo otras fuera, y presentándolas de una forma determinada. Esto supone que el medio limita, controla y da forma al conocimiento del público acerca de la totalidad de lo que ocurre.

2.2. El papel de los usuarios con Internet

Con la llegada de la web 2.0 y posteriormente de la web 3.0, los usuarios han adquirido un papel activo en la producción, distribución y reinterpretación de los contenidos informativos. La noción de control de la audiencia consiste en un "metaperiodismo", según el cual el papel de los usuarios en el reprocesamiento y retransmisión de los contenidos en línea se concreta tanto en la creación original de los usuarios como en la remodelación de orden existente que establecen los medios. Se ha comprobado que los artículos de noticias reutilizadas por sitios web de contenido generado por el usuario o redes sociales son adoptados con más frecuencia por los usuarios de X que las noticias generadas por los medios de comunicación tradicionales. Esto confirma el papel preponderante de los internautas a la hora de contar y redistribuir las noticias a la audiencia en red.

Los artículos que son reutilizados y redistribuidos por los propios usuarios suelen alcanzar una mayor visibilidad e impacto que muchas noticias difundidas por los canales convencionales. En este nuevo ecosistema digital, los internautas actúan como narradores y curadores de contenido, determinando qué temas se destacan, qué enfoques se privilegian y qué interpretaciones se viralizan. Es una forma moderna del boca a boca, acelerada por algoritmos y redes globales.

El siguiente paso después de que el usuario decida compartir noticias con su red sería encontrar el camino. Es como una visita guiada desde la llegada de un usuario de la web a su sitio y hasta llegar a la información que está buscando. Los encargados de la web diseñan sistemas para que los usuarios se muevan de un lugar a otro. Quien navega llega a un entorno atestado de información. A medida que escribe en un motor de búsqueda, comienza a moverse por ese espacio. Esto le permite acceder a aquello que le interesa. Las diversas fuentes compiten por la atención del usuario. Usando técnicas de marketing, se espera que la fuente capte la atención del usuario y luego lo lleve al contenido que está buscando.

Ante este entorno informativo saturado y cambiante, resulta clave guiar al usuario a través del inmenso flujo de datos. Los diseñadores web, en este contexto, cumplen una función estratégica: facilitar la navegación y jerarquizar la información. Los motores de búsqueda actúan como brújulas en este mar de datos, mientras que las múltiples fuentes compiten por la atención del lector, como vendedores en un mercado hiperconectado. En esta nueva realidad, el reto ya no es solo informar, sino también orientar, filtrar y contextualizar.

Desde el punto de vista de los medios, el proceso de "gatekeeping" se ha ampliado más allá del acto tradicional de decidir qué noticias son las mejores para publicar. La tecnología ha hecho aparecer nuevos actores, llamados intermediarios, que están involucrados en la arquitectura de la información con la que el usuario entra en contacto. Ellos son los que están tomando decisiones sobre la estructura y el contenido de la información buscada. Estas decisiones convierten a estos intermediarios en "gatekeepers" tecnológicos. Esta aportación de información tiene menos que ver con la función de los medios en el establecimiento de la agenda "Agenda Setting", y está más relacionada con un enfoque práctico de la usabilidad.

Como ejemplo de control de red, podemos comprobar cómo Google disfruta de una posición dominante entre los navegadores y la tecnología que los impulsa. Esto supone un tipo control sobre cómo accedemos a la web y cómo funciona la web en general. Google Chrome representa más del 60% del mercado de navegación, lo que significa que las aplicaciones y herramientas deben atender principalmente a los clientes que utilizan esta plataforma en lo que respecta a la compatibilidad. De esta forma, Google está dictando indirectamente la dirección del diseño y desarrollo de aplicaciones de usuario y de la tecnología en general. A esto se refiere la expresión del algoritmo aplicado a las búsquedas, que tanto condiciona.

2.3. Valores noticiosos

Para entender qué convierte a un hecho en noticia, el teórico José Luis Martínez Albertos –y otros autores– han propuesto una serie de valores noticiosos o *news values*, que actúan como criterios clave en la selección y jerarquización de los contenidos informativos. Estos elementos ayudan a los periodistas y editores a decidir qué temas tienen potencial periodístico y cuáles podrían captar el interés del público.

Entre estos valores destacan la continuidad, que se refiere a hechos que mantienen su relevancia en el tiempo; la curiosidad, vinculada al interés humano y al componente emocional; y la celebridad, ya que los personajes conocidos suelen generar mayor atención. La desviación (hechos inusuales), el drama personal, el entretenimiento, el impacto social y la magnitud también forman parte de esta lógica. Los valores noticiosos son los principios fundamentales que guían a los periodistas a la hora de determinar el interés periodístico de una noticia. Son las características que hacen que una historia merezca ser contada y leída. Comprender los valores de las noticias es crucial para los periodistas, ya que ayudan a identificar las historias más importantes y relevantes, y a presentarlas de forma que enganchen e informen a la audiencia. Ayudan a los periodistas a identificar las noticias de mayor interés periodístico, determinar la relevancia e importancia de una noticia, presentar las informaciones de forma que capten la atención de la audiencia.

Cuando una noticia se elabora con los valores adecuados, es más probable que resuene en el público, despierte su interés y le anime a seguir leyendo. El uso de los valores noticiosos ayuda a crear una narrativa que es a la vez informativa y atractiva, lo que hace que la historia sea más cercana y memorable.

Estos valores son esenciales en la narración, ya que ayudan a dar forma al relato y a dotarlo de profundidad y significado. Al incorporar los valores noticiosos a un relato, los periodistas pueden crear una narración convincente y atractiva que capte la atención de la audiencia y transmita la importancia de la historia.

Este tipo de artículos tienen la capacidad de mostrar la complejidad que ofrecen algunas realidades a través de una experiencia real. El principal instrumento que suele utilizarse es las entrevistas, pero es necesario contextualizar las opiniones y experiencias del o de los entrevistados a través de un buen trabajo de investigación documental. Una historia con interés humano debe basarse en varias fuentes de información: información de las personas que trabajan en terreno y de otros actores relevantes, que deben participar en el diseño de la historia y en su seguimiento posterior e investigación documental previa a las entrevistas, que sirva para prepararlas y para consolidarlas después, y que las contextualice.

Otros factores determinantes son el enfoque en naciones élite, la negatividad, la novedad, el poder, la polémica, la positividad, la proximidad geográfica o cultural, la relevancia, la sorpresa, la utilidad y el valor educativo.

A esta lista se suman los criterios propuestos por la Universidad de Kansas, que incluyen el interés humano, el afecto, la cercanía, la actualidad y la importancia. Dentro del periodismo, especialmente el deportivo, el carácter personal de los protagonistas suele atraer gran atención. No obstante, es importante mantener el equilibrio: el periodista debe evitar tanto la idealización excesiva como el entusiasmo acrítico que puede llevar a la idolatría mediática.

Uno de los problemas que existe es la actitud del aficionado, que tiende a crear ídolos falsos. Se puede alcanzar progresivamente niveles de mayor "fanatización". La emocionalidad tiende al extremismo. En esta línea, los periodistas de fans tienden a abusar de la emocionalidad. Este un tema de enorme trascendencia.

Otra faceta en la que hay que estar precavidos es en la tentación de caer en un periodismo de declaraciones. En este caso, el comunicador se convierte en un "corre ve y dile" sin criterio propio, ni capacidad de valorar lo que se transmite. Nunca hay que olvidar que estamos tratando de fuentes interesadas y que es necesario contrastar con otras que ayuden a confirmar o rechazar

3. Aspectos específicos del Periodismo Deportivo

La comprensión de los procesos de selección de noticias no se entiende de un modo aislado. La identificación de los criterios de noticiabilidad ("News Values") se encuentra acompañada de la articulación de los procesos espontáneos o asimilados por la costumbre que influyen en la toma de decisiones (la profesionalidad del redactor, las rutinas profesionales y los contextos empresariales). Por lo tanto, para comprender qué mensaje se elabora, a partir de la presentación de los procesos de selección y su representación, conviene estudiar los elementos de la realidad profesional que son insertados en la historia ficticia, teñida de rasgos reales y fácilmente identificables.

En fin, el Periodismo Deportivo tiene muchas posibilidades de explotar el interés humano. Sus características son aplicables a otras modalidades periodísticas. Pero en el ámbito deportivo encontramos interesantes peculiaridades. Una buena compilación de cómo detallar el interés humano en el Periodismo Deportivo se puede encontrar en el libro de Gelfang y Heath *Modern Sportwriting* (The Iowa State University Press, 1969).

Aspectos que suelen aparecer:

Combate o conflicto: tiene que ver con que el deporte es agónico, suele darse en un contexto de enfrentamiento, en el cual hay lucha por ganar, hay un vencedor que triunfa. Campeonatos, partidos, torneos, juegos y otras modalidades suponen que hay dos partes y una trata de superar a la otra.

Logro personal: los deportistas vencen por haber alcanzado un objetivo que ha supuesto un esfuerzo para mejorar.

Progreso y mejora: la victoria en el deporte supone siempre que se está por encima de los contrarios y por eso llega a un punto más elevado.

Heroísmo: los grandes deportistas con sus victorias adquieren el carácter de personas sobresalientes y que logran una preeminencia social. Las grandes figuras adquieren un carácter heroico.

Rareza (lo que no es usual): los logros inusitados, las circunstancias excepcionales u otras situaciones que se salen de lo normal atrae la atención de la audiencia.

Atractivo físico personal: la belleza puede referirse no solo a la que posea una persona, sino también a la gracilidad o a movimientos físicos admirables.

Divertimento: relacionado con los puntos positivos del deporte: alegría, emoción, distracción...

Edades extremas: llama la atención aquellos logros de jóvenes y niños, lo mismo lo que logran personas de edades avanzadas.

Diferencias por sexo: hay que considerar el auge que está teniendo el deporte femenino y cómo va ganando fuerza la audiencia femenina.

Corazón: se refiere a las relaciones sentimentales y también a características de personalidad que tienen relación con los buenos sentimientos, del tipo de compasión, ternura, altruismo, solidaridad...

Salud: la mayor sensibilidad que ha ganado en la sociedad lo saludable lleva consigo destacar los valores positivos del deporte, tanto personal como socialmente.

Simpatía: un factor extradeportivo es el atractivo de una personalidad que se puede calificar como simpática, atractiva, agradable, interesante, etc.

Animales: los que poseen los deportistas y también resultan atrayentes aquellos deportes en los aparezcan, por ejemplo, caballos.

Posiblemente el estilo de periodismo estadounidense ha sabido dar mucho valor al interés humano en general. Sus periodistas han sabido crear una corriente enormemente atractiva para la audiencia, en la cual se presta mucha atención a los deportistas, especialmente en su faceta más humana. Esta personalización tan característica del deporte se asume con éxito por parte del público. Por esto el deporte va creando estrellas, pues suele referirse a alguien que está por encima, por la naturaleza de la propia actividad deportiva. Hay un gran interés de los aficionados por saber más de las estrellas favoritas. Esto se va desarrollando sobre todo a partir de las entrevistas, hay interés por saber lo que dicen.

4. Diferencias según la naturaleza de los medios

Suele tener mayor elaboración el periodismo escrito que el audiovisual. El periodismo escrito lleva consigo una mayor elaboración y preparación. La entrevista en medios audiovisuales suele ser en directo (aunque la transmisión sea en diferido), mientras que la impresa solo nos da declaraciones como consecuencia de un proceso de elaboración más arduo.

La audiencia exige aspectos diferentes dependiendo del medio en el que sea espectador. Por eso, en los medios audiovisuales más populares (sobre todo la televisión) el entrevistado tiene en el origen un mayor control. Asimismo, hay que destacar que en lo audiovisual ha de darse mucha importancia a cuestiones estéticas: telegenia, voz agradable o característica, ... Por otro lado, esos medios audiovisuales aportan más información de tipo personal, pues hacen que los entrevistados parezcan más cercanos, más auténticos.

Una entrevista en radio es una conversación en la que interviene un entrevistador con otro entrevistado. No es diferente a las entrevistas en otros medios. Es decir, sirve para presentar aspectos de la vida personal del entrevistado, además de conocer su opinión con respecto a un tema o suceso determinado y, en general, obtener información sobre un aspecto en el que es experto.

En radio y en televisión encontramos que los campos de interés son: informar sobre un hecho o acontecimiento y conocer la opinión de quien es objeto de la entrevistado sobre un determinado tema. Además, la entrevista puede centrarse en la personalidad de una persona en concreto y en este caso se trataría de una charla más detenida.

Los fines que se persiguen con las entrevistas televisivas o radiofónicas son muy diversos: obtener información de primera mano, información directa, sobre un hecho de actualidad: la publicación de un libro, el estreno de una película, la grabación de un nuevo disco... También se utiliza para que la persona entrevistada aclare desmentidos, realice aclaraciones, replique o conteste a otra persona.

En cuanto a la radio, se suelen realizar entrevistas en directo, pero hoy en día existen los "podcasts", que nos permiten realizar la entrevista y subirla a continuación a algunas plataformas para alojar audios tipo Soundcloud o Ivoox, que nos permiten escuchar las entrevistas en cualquier momento. La aparición de Internet y de las nuevas tecnologías han propiciado un auge de las entrevistas a través de Internet o a través de "podcast". Un ejemplo lo tenemos en que la mayoría de emisoras conocidas emiten en directo desde Internet y a su vez, facilitan el contenido a sus programas a través de "podcast".

En función de los tipos de medios, hay diferencias respeto a la cercanía. La televisión nos muestra de modo más cercano a las personas, las vemos físicamente, a diferencia de los medios impresos y radiofónicos, en parte. La televisión utiliza el lenguaje audiovisual, lo que supone resaltar elementos típicos de la ficción: elaboración de personajes, anécdotas, elementos de intriga, gestos ...

En televisión hay que tener en cuenta las características del programa en el que se incluya la entrevista. Puede ser espontánea (encuestas en la calle, consultar la opinión de la gente...) o más formal (entrevista de estudio pactada en torno a un tema concreto: un libro, un período histórico...). En este último caso, el tono es más serio y el registro lingüístico más elaborado.

También podemos encontrar una entrevista reportaje, con un lenguaje más estándar, o incluso una conferencia de prensa, en la que normalmente las preguntas pueden utilizar un registro estándar o incluso coloquial. A su vez, las entrevistas pueden ser en directo y, por tanto, no hay posibilidad de editar las respuestas o, en diferido, que permite editar la entrevista añadiéndole imágenes, vídeos, referencias, o incluso acortando o eliminando preguntas y respuestas.

En las entrevistas en televisión todo debe ser de forma rápida, intentando lanzar pocos mensajes y claros. El periodista tiene poco tiempo de elaboración y la noticia muere instantáneamente. El tiempo es prioritario. Los expertos nos dicen que, si no consigue captar la atención en los primeros 30 segundos, habrá perdido la oportunidad.

La audiencia de televisión es heterogénea y no siempre presta una atención permanente. Va a transmitir el mensaje con sus propias palabras, no con las del periodista (como en prensa escrita) y se dirige a la audiencia sin intermediarios Comparecer en televisión nos permite poner rostro a nuestra entidad y presentar el lado humano. Hay que usar un lenguaje periodístico de frases cortas, claras, directas, sin exceso de datos abrumadores. Hay que evitar palabras que sean difíciles y términos muy técnicos.

La opinión como elemento imprescindible del periodismo deportivo

La opinión es necesaria en el Periodismo Deportivo, pues permite interpretar y contextualizar los hechos. No se limita a relatar eventos, sino que aporta profundidad a la información, ayudando a la audiencia a comprender su impacto. El estilo debe ser sentencioso y sensato, transmitiendo seguridad sin caer en la exageración. Además, la opinión debe ser mesurada y experta, basada en conocimiento y análisis riguroso. Un buen periodista deportivo aporta lo que nadie no experto vio, identificando detalles tácticos, estratégicos o emocionales que pasan inadvertidos, elevando así la calidad del debate y la comprensión del deporte.

Conviene abordar la cuestión de cómo hay que entender el concepto opinión. Puesto que puede suscitar confusiones o dudas. Habría que abordar en primer término la contraposición entre información y opinión. Es una máxima, habitualmente aceptaba tanto en el mundo académico como en el profesional del periodismo, la siguiente: "Los hechos son sagrados, pero las opiniones son libres". En realidad, la formulación habitual es un poco distinta: "Los hechos son sagrados y las opiniones libres".

En este segundo caso se quiere subrayar la distinción y diferenciación entre esas dos modalidades periodísticas y se acepta como una forma de asegurar la objetividad. Respecto a la primera afirmación debe tenerse en cuenta que el énfasis se hace en la libertad de pensamiento. Cabría interpretarla de esta forma: los hechos son sagrados (no se pueden manipular) mientras que uno puede opinar libremente.

Respecto a la primera frase hay que decir que no es correcto exagerar la diferencia entre informar y opinar, como si fuera posible conseguir una información totalmente aséptica, en la cual no se puede encontrar nada de subjetividad. Imparcialidad se iden-tifica con objetividad y se considera que un buen medio de comunicación es aquel en el que las noticias no tienen elementos subjetivos, puntos de vista personales.

Como se puede ver, de este tema hay mucho que comentar, ya que estamos ante diferentes modos de acercarse a la comunicación y al periodismo.

1. La opinión como elemento imprescindible

1.1. Un tipo de artículos necesarios

En los medios de comunicación hay opinión. ¿Por qué hay opinión o podría no haberla? Sí, pero en la práctica podemos apreciar cómo la incluyen los medios. Hay opinión porque fundamentalmente un medio de comunicación tiene que aportar criterio. La persona que quiere estar informada quiere saber también qué criterios son los más adecuados a la hora de valorar la información. Hay un interés por saber la opinión de quien se considera experto. La opinión, por lo tanto, es una faceta del periodismo que trabaja con criterios diferentes a los que puede tener la información, pero que también es periodismo. Y uno tiene que formarse como reportero, redactor, pero también como "opinador" (alguien capaz de escribir artículos de opinión).

El periodismo de opinión es un género periodístico, habitual en forma de artículo (llamado, por consiguiente, artículo de opinión), sobre un tema o noticia de actuali-dad, escrito por un autor o autores, en un medio de comunicación como la prensa, la radio o la televisión. Normalmente, aunque no siempre, forman parte de la línea editorial periodística de la empresa o medio en donde se publican, con un fin socio-lógico o ideológico.

En concreto, la columna es el género de opinión que se caracteriza por ser un espacio editorial permanente que ofrece la opinión de diversos especialistas según cada publicación, como un periodista, un médico o un deportista. Un artículo de opi-nión puede aparecer como artículo y también, como caricatura periodística.

Como ocurre en otras secciones periodísticas, los editoriales, las columnas y las colaboraciones presentan la oportunidad de leer textos de superior calidad, ya que las personas no son solo valoradas por su criterio, sino por cómo lo dicen. El editorial es un género periodístico a través del cual el medio de comunicación fija su posición sobre algún hecho importante de actualidad, debe presentar argumentos y expresión clara y definida de la opinión frente a los problemas tratados; un artículo periodístico normalmente sin firma, que explica, valora e interpreta un hecho noticioso de especial trascendencia o relevante importancia según una convicción que representa la postura ideológica del periódico o del medio que la presenta. Los comentarios o columnas vienen definidos por la fama adquirida por quien los escribe, interesa saber su opinión.

Hablamos de un texto periodístico en el que un autor experto analiza y opina sobre una temática actual o importante con el fin de despertar cierto interés en la opinión pública.

El autor de un artículo de opinión emite su valoración sobre un tema y la sostiene con distintos argumentos, puesto que el objetivo principal es influir sobre los lectores para que puedan llegar a una reflexión propia sobre lo que están leyendo. Las personas que escriben suelen ser periodistas, personajes notables o que poseen cierta relevancia en un campo específico; por ejemplo, pueden ser personas relacionadas con la política, la economía o las letras. En el caso del Periodismo Deportivo, pueden ser deportistas famosos o periodistas de acreditada trayectoria.

Además, estos textos pueden tratar sobre cualquier tema que el comunicador crea necesario compartir, siempre y cuando sea significativo para el público. Por lo general, no suelen poseer ningún tipo de limitación sobre la manera en que se abordará el tema elegido.

Para poder captar la atención de la audiencia y para que su lectura sea rápida y llevadera, el lenguaje que se utiliza suele ser simple y familiar para los lectores. Los artículos de opinión generalmente aparecen en periódicos, en ciertos portales de Internet, revistas y otros medios de comunicación.

Este tipo de escritos es un texto periodístico en el que un autor analiza y opina sobre una temática actual o importante con el fin de despertar cierto interés en la opinión pública. El autor de un artículo de opinión emite su valoración sobre un tema y la sostiene con distintos argumentos, puesto que el objetivo principal es influir sobre los lectores para que puedan llegar a una reflexión propia sobre lo que están leyendo. Las personas que escriben estos textos suelen ser periodistas, personajes notables o que poseen cierta relevancia en un campo específico; por ejemplo, pueden ser personas relacionadas con la política, la economía o las letras.

Además, estos textos pueden tratar sobre cualquier tema que el comunicador crea necesario compartir, siempre y cuando sea significativo para el público. Por lo general, no suelen poseer ningún tipo de limitación sobre la manera en que se abordará el tema elegido.

El periodismo de opinión es un género periodístico, habitual en forma de artículo (llamado, por consiguiente, artículo de opinión), sobre un tema o noticia de actualidad, escrito por un autor o autores, en un medio de comunicación como la prensa, la radio o la televisión. Normalmente, aunque no siempre, forman parte de la línea editorial periodística de la empresa o medio donde se publican, con un fin sociológico o ideológico.

En concreto, la columna es el género de opinión que se caracteriza por ser un espacio editorial permanente que ofrece la opinión de diversos especialistas según cada publicación, como un periodista, un médico o un deportista. Un artículo de opinión puede aparecer como artículo y también, por ejemplo, como caricatura periodística.

Quien escribe periodismo de opinión suele recibir el nombre, no oficial, de columnista de opinión. Hay varios géneros periodísticos basados en el punto de vista, opiniones. Entre ellos, por ejemplo, está el nuevo periodismo. El periodismo de opinión puede plantear desafíos éticos y de responsabilidad para los columnistas que lo practican. A diferencia del periodismo informativo, el periodismo de opinión se basa en la expresión de puntos de vista personales y subjetivos, lo que puede llevar a ciertos problemas éticos.

Por ejemplo, los columnistas de opinión deben tener cuidado al expresar sus juicios respecto a temas delicados o controvertidos, como la religión, la política o la sexualidad. Es importante que los columnistas de opinión eviten prejuicios o sesgos y que fundamenten sus opiniones en argumentos racionales y evidencia sólida.

Utiliza la argumentación como base de la estructura. Utiliza elementos propios del género literario. La parte más importante es la opinión subjetiva, no la noticia en lo hacerse. Analiza un hecho para así orientar al público e influir en su opinión sobre este hecho. Es habitual el uso de expresiones de opinión como: parece que, pienso que, considero que..., desde mi punto de vista, es evidente que...

Las características más destacadas del editorial son bien conocidas. No va firmado. Expresa la opinión colectiva del periódico, por lo que no aparece la primera persona. Existen, sin embargo, otros rasgos modalizadores que marcan la subjetividad de este tipo de textos, si bien son menos abundantes que los que aparecen en los artículos de opinión. Abordan temas de actualidad de gran importancia social. Suelen caracterizarse por un estilo conciso, directo y claro. El tono es serio. Desde el punto de vista de su tipología textual, predomina la argumentación y la exposición, aunque pueden estar presentes otros tipos de formas discursivas, como la narración o la descripción.

Al igual que ocurre con el artículo y la columna, el editorial ofrece opiniones y valoraciones sobre determinados hechos de actualidad, pero se distingue de ellos en que no va firmado. Por otro lado, mientras que el artículo y la columna tratan temas muy variados, el editorial suele girar en torno a las noticias más relevantes de la actualidad informativa y ocupa un lugar destacado y fijo en el periódico. El editorial es el género de opinión que se caracteriza por exponer y argumentar un suceso con la base de juicios de valores que suelen representar a la opinión colectiva. Se suele publicar en una sección permanente del medio gráfico sin firma personal, debido a que representa a la editorial o al medio de comunicación general.

Algunas de las características más destacadas del artículo de fondo y de la columna son las siguientes: va siempre firmado, expresan la opinión del autor, por lo que predomina la subjetividad, presentan libertad en cuanto a tema, estilo y tono en lo que se refiere a su tipología textual, se utilizan todo tipo de formas discursivas (narrativas, descriptivas, expositivas, argumentativas...), pero predomina la argumentación y la exposición.

El artículo de fondo y la columna son textos periodísticos en los que el autor expresa su opinión sobre un determinado suceso o acontecimiento, generalmente de actualidad. Se diferencian entre sí en que el artículo de fondo está escrito por personas que colaboran de forma esporádica en el periódico y el texto que escriben no tiene una ubicación ni una extensión fija; en cambio, la columna es un artículo de opinión que tiene una ubicación, frecuencia y extensión fijas en el periódico en el que aparece.

1.2. La mezcla de géneros

Frente a otras áreas donde la objetividad es primordial, en el Periodismo Deportivo existe mayor libertad a la hora de transmitir la información, y es habitual que entre lo que hace un periodista deportivo se encuentre también la opinión sobre sucesos de la actualidad o temas concretos.

Sin embargo, aunque ofrezca su punto de vista sobre situaciones concretas, no debe perder de vista la finalidad del periodismo, que es la de contar lo que ocurre. La interpretación de lo sucedido debe ir siempre aparte y, en definitiva, debe estar claramente diferenciada la información real de la opinión.

El periodismo de opinión es un género periodístico, habitual en forma de artículo de opinión, sobre un tema o noticia de actualidad, escrito por un autor o autores, en un medio de comunicación como la prensa, la radio o la televisión. Normalmente, aunque no siempre, forman parte de la línea editorial periodística de la empresa o medio donde se publican, con un fin sociológico o ideológico.

Un artículo de opinión puede aparecer como artículo o, por ejemplo, como caricatura periodística. Quien escribe periodismo de opinión suele recibir el nombre, no oficial, de columnista de opinión. Hay varios géneros periodísticos basados en el punto de vista, opiniones. El periodismo de opinión puede plantear desafíos éticos y de responsabilidad para los columnistas que lo practican. A diferencia del periodismo informativo, el periodismo de opinión se basa en la expresión de puntos de vista personales y subjetivos, lo que puede llevar a ciertos problemas éticos.

Por ejemplo, los columnistas de opinión deben tener cuidado al expresar sus juicios respecto a temas delicados o controvertidos, como la religión, la política o la sexualidad. Es importante que los columnistas de opinión eviten prejuicios o sesgos y que fundamenten sus opiniones en argumentos racionales y evidencia sólida.

Se puede apreciar, a veces, una ambigua relación entre los distintos tipos en un mismo texto. Esta actitud, además de incumplir el libro de estilo del propio diario (donde censura la posibilidad de mezclar información con opinión), tampoco respeta el artículo 3 del Código Europeo de Deontología del Periodismo en donde se lee: "El principio básico de toda consideración ética del periodismo debe partir de la clara diferenciación, evitando toda confusión, entre noticias y opiniones. Las noticias son informaciones de hechos y datos, y las opiniones expresan pensamientos, ideas, creencias o juicios de valor por parte de los medios de comunicación, editores o periodistas".

Algunos autores señalan que la separación entre información y opinión es simplista, ya que durante la selección y la valoración de las noticias por parte de los medios se está produciendo una interpretación. No hay que ser ningún especialista para tener la prueba cotidiana de cómo opina el medio a través de informaciones aparentemente objetivas.

No es raro encontrar una clara mezcla de géneros que no se corresponde con el estilo interpretativo, que no está sancionado en los códigos deontológicos. En el periodismo interpretativo se busca la profundidad, la contextualización de los hechos y se omiten los juicios de valor, sin embargo, en estos textos se efectúan juicios de valor y no se busca la contextualización. En ellos los redactores opinan, de manera subjetiva, posicionándose favorablemente hacia la línea editorial del medio. Podemos apreciar que los partidos también se juegan en las redacciones, obviando la máxima periodística que se ha mencionado anteriormente: los hechos son sagrados, pero las opiniones libres.

Este tipo de periodismo no es riguroso y comete el grave error de desinformar a la ciudadanía incumpliendo uno de los preceptos clásicos de los códigos deontológicos. Pero el error cobra más importancia al no ser conscientes los periodistas de que, por un lado, agravan el descrédito periodístico que pueda tener la sociedad con respecto a los medios de comunicación. Por otro, pierden mercado competitivo al fidelizar únicamente a un determinado sector de aficionados, máxime si se tiene en cuenta la diversidad de aficionados existentes.

2. Algunas funciones que deben tenerse en cuenta de la opinión en Periodismo Deportivo

2.1. La argumentación

Su propósito es convencer y persuadir al lector de que acepte la opinión expresada que, por ser especializada, le sirve de orientación respecto a los acontecimientos referidos. Por eso, los hechos no son lo más determinante, pues estos ya aparecen en otras secciones y lo importante es el grado de profundidad con la que se aborde el tema en cuestión. No solo se trata de interpretar un suceso, problema o asunto de interés, es cuestión de aportar explicaciones y reflexiones, incluso el artículo puede pretender prever lo que aún no ha ocurrido y probablemente ocurrirá. Aporta una nueva perspectiva, "lo que nadie supo ver". El periodismo de opinión en el ámbito deportivo nos tiene que ofrecer algo distinto a lo que sale en las páginas de información.

Estos escritos dan más contexto a lo efímero. La opinión está aportando una manera de entender lo que la información está dando y ayuda a comprender con un contexto más amplio lo que encuentro en otras secciones del periódico. Ofrece la mirada profunda de un experto. Procura dar los detalles técnicos necesarios para explicar una derrota o una victoria.

Su propósito es convencer y persuadir al lector de que acepte la opinión expresada que, por ser especializada, le sirve de orientación respecto a los acontecimientos referidos. Por eso, los hechos no son lo más importante, pues estos ya aparecen en otras secciones y lo importante es el grado de profundidad con la que se aborde el tema en cuestión. No solo se trata de interpretar un suceso, problema o asunto de interés, es cuestión de aportar explicaciones y reflexiones, incluso el artículo puede pretender prever lo que aún no ha ocurrido y probablemente ocurrirá.

En todo caso, el juicio ha de hacerse de modo ponderado y sin dejarse llevar por el estado de ánimo: si en otros ámbitos de la información los sentimientos afloran, en este se exige un juicio desapasionado. Se plantea como un ideal que, en muchos casos, en la práctica parece inalcanzable, pues vemos que muchos columnistas caen en el apasionamiento.

Todo lo dicho es más fácil de entender y aplicarlo al periodismo escrito. Los medios audiovisuales tienen unas limitaciones. La radio y televisión son muy exigentes con el tiempo y el espacio que pueden dedicarse totalmente a la información, la selección informativa está mucho más acusada que la de un periodismo escrito, en papel o digital. Como hay que poner más criterio, la información tiene una carga de opinión muy fuerte.

Además, los columnistas de opinión se consideran responsables en la forma en que expresan sus opiniones. Esto significa que deben evitar el uso de lenguaje ofensivo o difamatorio, así como cualquier forma de discriminación o intolerancia. Los columnistas de opinión también deben ser cuidadosos en la forma en que presentan información, asegurándose de no distorsionar los hechos o manipular la información para respaldar sus opiniones. La ética y responsabilidad en el periodismo de opinión también implica ser transparentes con los lectores sobre los puntos de vista del columnista y cualquier posible conflicto de intereses. Los columnistas de opinión deben declarar claramente su posición en un tema y explicar sus motivos y fundamentos para sostener esa opinión. Además, si un columnista de opinión tiene algún interés o relación con un tema o una fuente de información, debe revelarlo para que los lectores puedan evaluar la objetividad de su opinión.

Utiliza la argumentación como base de la estructura. Utiliza elementos propios del género literario. La parte más importante es la opinión subjetiva, no la noticia en lo hacerse. Analiza un hecho para así orientar al público e influir en su opinión sobre este hecho. Es habitual el uso de expresiones de opinión como: parece que, pienso que, considero que..., desde mi punto de vista, es evidente que...

2.2. La fijación de la agenda

Conviene traer aquí una teoría acerca de los efectos que poseen los medios a la hora de crear opinión en la audiencia.

La teoría de la fijación de la agenda, también conocida como teoría de la "Agenda Setting", postula que los medios de comunicación tienen una gran influencia sobre el público al determinar qué contenidos poseen interés informativo y cuánto espacio e importancia hay que darles.

El punto central de esta teoría es la capacidad de los medios para graduar la importancia de la información que se va a difundir, dándole un orden de prioridad para obtener mayor audiencia, mayor impacto y una determinada conciencia sobre la noticia. Del mismo modo, deciden qué temas excluir de la agenda. Más claramente, la teoría del establecimiento de la agenda dice que la agenda mediática, conformada por las noticias que difunden los medios informativos cotidianamente y a las que confieren mayor o menor relevancia, influye en la agenda pública en el sentido de los temas sobre los que pensar más que se haya de pensar de un modo concreto.

El estudio realizado por McCombs y Shaw en 1972 halló que la gente considera unos temas más destacados (la agenda del público), que otros en proporción directa con la importancia que le den los medios (la agenda de los medios), aunque estos no sean quienes decidan por la audiencia cual será la actitud o decisión de los asuntos que proponen. Es decir, los medios de comunicación son capaces de transferir la relevancia de una noticia a la de la sociedad.

En los estudios empíricos se comprueba que lo que no entra en la agenda de los medios "no existe"; los aspectos que seleccionan y en los que ponen su atención los medios afectan a la percepción que tiene el público respecto de estos asuntos; las noticias determinan el modo en que se encuadra un asunto –establecer las normas básicas para su deliberación– puede afectar significativamente el desenlace final; los mensajes mediáticos afectan de distinta manera a diferentes personas; por más activa que sea la audiencia en la búsqueda de información, sus posibilidades se restringen a los datos que les proporcionan los medios; y los lectores o receptores difícilmente podrán reflexionar, discutir o analizar los temas omitidos por los medios.

El énfasis constante en ciertos temas por parte de los medios informativos tiende a crear preocupación sobre ellos. El efecto de la agenda de los medios se manifiesta con mayor fuerza en la medida en que los espectadores tienen menos conocimientos del tema sobre el cual los medios informan. Es decir, las personas más informadas son más difíciles de manipular. En el caso del Periodismo Deportivo, por ejemplo, el predominio del fútbol es consecuencia de que los usuarios reciben muchas noticias sobre ese deporte.

3. Peculiaridades del estilo

Ya se han mencionado unas cuantas peculiaridades de cómo se redactan los artículos de opinión, pero no podemos dejar de mencionar otras.

Para poder captar la atención del receptor y para que su lectura sea rápida y llevadera, el lenguaje que se utiliza suele ser simple y familiar para los lectores. Los artículos de opinión generalmente aparecen en periódicos, en ciertos portales de Internet, revistas u otros medios de comunicación.

En ellos aparece mezclado el registro culto y el coloquial, muy próximo en ocasiones al habla cotidiana, pero empleando siempre un léxico preciso, rico, variado y, sobre todo, claro, ya que se trata de llegar a la mayor cantidad posible de público. En algunos casos incluso puede manifestarse la presencia esporádica de expresiones vulgares y palabras malsonantes, empleadas con un determinado propósito. Debe mostrar, en todo caso, un juicio desapasionado y ponderado.

Es un artículo razonador, orientador y valorativo, interpreta lo sucedido y se mueve en el ámbito del análisis. En las columnas, además de razonar y orientar acerca de hechos de real importancia, se muestra la opinión propia acerca de los acontecimientos deportivos. Este género periodístico puede estar a cargo de un periodista de un especialista de alguna disciplina como un entrenador o el mismo deportista. En definitiva, este género está diseñado para mostrar alguno de los posibles puntos de vista ante una información.

Los editoriales suelen tener un estilo sencillo y de carácter argumentativo, puesto que se trata de convencer al lector de una opinión determinada recurriendo a ejemplos o comparaciones. En concreto, en el caso del Periodismo Deportivo los argumentos utilizados para realizar el análisis respectivo tienen gran importancia, pues son la garantía de que el tema es abordado con la mayor veracidad que se merece el tema abordado. Debe contener un aspecto que le dé al lector la sensación de que lo están invitando a reflexionar con respecto al tema que está siendo abordado en ese momento, y que el medio fija posición al respecto, es decir, apoya o no el hecho en cuestión.

Hay que evitar el uso de clichés, lugares comunes, las hipérboles y las exageraciones: debe haber una clara distinción entre la crónica deportiva y los artículos de opinión. Un artículo de opinión suscita los propios sentimientos y, fundamentalmente, sirve para que nos creemos una opinión fundamentada. El ingenio del que escribe es muy importante, pues el deseo de un articulista o de un columnista es provocar la sonrisa de quien lee.

En el periodismo audiovisual no hay mucho espacio para la opinión, y sin embargo la encontramos con abundancia en la manera de presentar y enfocar las informaciones. Se puede descubrir un periodismo editorializante que no debería aceptarse sin más.

Respecto al uso del lenguaje, puede ser útil la lista de incorreciones aportada por José Luis Rojas en *Periodismo Deportivo de calidad*, acerca del buen uso del idioma en el ámbito del deporte.

Puntuación equivocada: Serbia y Bosnia, cumplen

Eliminación de artículos: Gurpegui jugará en banda

Confusión entre verbo transitivo e intransitivo: no juega pero ya entrena

Confusión entre estilo directo e indirecto: La AFE afirma que si es así, tomaremos medidas

Falta de concordancia: El Porriño lleva una racha de partidos muy importantes

Mal uso del gerundio: Un monumental triple, estando ya clasificado.

Impropiedades léxicas: El Español se deja remontar por el Benfica (ganó 3-2 y siempre fue por delante)

Uso inadecuado de palabras: Audax vence a un errático Colo Colo., El gol puso en franquicia (lo adecuado sería franquía) al ganador

Atribución inadecuada: jugador versátil, futbolista polivalente, lesión seria, ignorar un penalti.

Impropiedades léxicas: cesar por destituir, alegar por recurrir, suspendido por aplazado, tiempo de prolongación por tiempo de descuento, remontar por recuperar

Tópicos: partido a cara cruz, a diestro y a siniestro, arañar segundos, balón de oxígeno, bestia negra, canasta sobre la bocina, error de bulto, grupo de la muerte, manita...

Extranjerismo: triplete, chut, maillot, average, ranking, break, boxes, coach.

Vulgarismos: currar, cabrearse, palmar, montar un pollo, chupado, dar leña, estar de lujo, buen rollito, irse al carajo...

La narración de acontecimientos: la crónica deportiva

La crónica deportiva es brillante y emocional, capturando la esencia del deporte con un estilo narrativo atractivo. El Periodismo Deportivo, en parte, es una modalidad de periodismo literario, combinando información y emoción en textos que van más allá de la simple noticia. Un referente de este género fue el gran cronista estadounidense Grantland Rice, cuya prosa elevó el deporte a la categoría de arte. La crónica deportiva es colorista y tiene la capacidad de hacer grandes los acontecimientos más ordinarios, dotándolos de épica y dramatismo. Así, convierte cada partido en una historia apasionante para los aficionados.

Para entender qué supone hoy en día la crónica deportiva conviene mirar a la historia del periodismo. Las peculiaridades de lo que hoy estamos leyendo se explica por cómo ha evolucionado el modo de escribir por parte de los periodistas. Ha tenido que pasar décadas y décadas hasta que se ha configurado un estilo específico.

1. El periodismo literario del siglo XIX

1.1. Breve referencia histórica

El modo de escribir en los periódicos se puede considerar como una herencia de formas antiguas que han caído en desuso, sin embargo, no han perdido fuerza o interés. El periodismo, desde sus orígenes hasta la aparición de un estilo periodístico propio, ha ido cambiando. En primer lugar, nos referiremos a un modo literario de escribir en el periodismo. ¿Por qué existe este estilo?

Al principio, el periódico era un producto cultural: se publicaban libros en fascículos, esto tenía que ver con el modo de desarrollarse el negocio de la imprenta, que se inventó para poder imprimir y editar libros. Los libros tenían bastantes limitaciones, pues la impresión o edición de libros se convirtió en una gran obra, que no lograba que la máquina de impresión tuviera una explotación comercial de más rendimiento.

Por ello, los impresores, desde el siglo XVII, fueron buscando y consiguiendo unos impresos de medio tamaño, más pequeños, unas hojas que permitieran que la maquinaria se utilizara más continuamente y con ello poder ganar un dinero. Aquellos que tenían capacidad de editar fueron los que crearon unas modalidades de impresos con unas categorías menores que les permitían ir incrementando el negocio. Esto en parte fue uno de los elementos fundamentales para que aparecieran las hojas periódicas, descubrieron los contenidos que más llamaban la atención al público y, como consecuencia de las diferentes líneas de desarrollo histórico y cultural, hicieron un trabajo distinto: se creó el periódico.

Esta fue la base. La finalidad cultural fue cambiando para adquirir una connotación política e ideológica en la medida que en que se produjeron los cambios en los regímenes liberales, con la aparición de los sistemas políticos basados en la opinión. En el siglo XIX la faceta política de la prensa cobró un papel muy importante, fue clave para el desarrollo político de los países. En lo estrictamente periodístico, hubo una pérdida de protagonismo de lo cultural en favor de lo político.

Las técnicas expresivas desarrolladas en el ámbito literario: el modo de redactar los contenidos de los periódicos en esos momentos (s. XVIII – s. XIX) era de corte literario. No existía un estilo periodístico propio diferenciado del que se utilizaba en general para escribir literatura (ensayos, novelas, etc.).

Por otro lado, los periódicos del siglo XIX tenían contenidos estrictamente literarios, los artículos podían ser cuentos, poemas...; en ese siglo prevalecía un estilo literario y se apreciaba claramente en las páginas de los periódicos.

Desde finales del siglo XIX ya surgen libros de estilo de cómo debe redactarse en prensa. Por eso, se perfilan los distintos tipos de artículos, dejando a un lado la que podemos denominar herencia literaria. La redacción de noticias, por ejemplo, no tiene como referencia un cuento corto; un reportaje ya no es un escrito de extensión mediana,...

La crónica como un género fue creciendo y consolidándose desde los "felices veinte". No hay un estudio de cuando nació la crónica, es difícil precisar cuándo empieza a ser un género periodístico. Lo más parecido a una crónica era la crítica literaria. Las típicas crónicas que ya existían en periódicos del XIX fueron las crónicas o ecos de sociedad. Era una narración de un acontecimiento con cierto relieve social, las típicas crónicas eran: recepciones de Palacio con diferentes motivos, acontecimientos de trascendencia social o más inusuales, etc. Los sucesos que se recogían en los periódicos eran de la alta sociedad.

También aparecieron las crónicas de acontecimientos, que respondían a actividades más específicas: estrenos teatrales, conciertos, etc. Las crónicas deportivas y taurinas también fueron muy importantes en periódicos españoles. El auge de la narración creció. Si bien esto se puede aplicar de forma eminente al Periodismo Deportivo.

1.2. Literatura y periodismo

De forma resumida encontramos una síntesis interesante elaborada por Walter Gonzalves ("La Intersección entre Literatura y Deporte: Un Diálogo entre Pasiones", en *Culturamas*, https://www.culturamas.es/2024/02/20/la-interseccion-entre-literatura-y-deporte-un-dialogo-entre-pasiones/#:~:text=La%20Literatura%20como%20Espejo%20del%20Deporte&text=Como%20afirm%C3%B3%20el%20escritor%20estadounidense,humanas%20detr%C3%A1s%20de%20los%20n%C3%BAmeros).

"La relación entre la literatura y el deporte es tan antigua como compleja, tejida con hilos de pasión, competitividad y narrativas que trascienden las páginas de los libros para fusionarse con la realidad misma. Desde los poemas épicos que relatan hazañas deportivas hasta las novelas contemporáneas que exploran la psicología de los atletas, la literatura ha capturado la esencia del deporte de maneras variadas y profundas.

El deporte, con su capacidad para inspirar y emocionar, ha sido una fuente inagotable de inspiración para escritores de todas las épocas y géneros. Como dijo el novelista y poeta inglés George Orwell: 'El deporte es guerra sin disparos'. Esta cita ilustra cómo el deporte a menudo se percibe como un campo de batalla donde se libran emociones intensas y se despliegan hazañas heroicas.

(...)

La literatura, por otro lado, actúa como un espejo que refleja las complejidades del deporte y sus protagonistas. Como afirmó el escritor estadounidense John Updike: 'El deporte es como la vida, solo que con más estadística'. Esta observación resalta cómo la literatura puede profundizar en las estadísticas del deporte y revelar las historias humanas detrás de los números.

(...)

El deporte, con su capacidad para desafiar los límites humanos y superar adversidades, ha inspirado a escritores de todo el mundo. Como afirmó el novelista colombiano Gabriel García Márquez: 'El deporte es la metáfora perfecta de la vida'. Esta cita resalta cómo el deporte puede servir como una metáfora poderosa en la literatura, transmitiendo lecciones de perseverancia, coraje y determinación.

(...)

La literatura también ha sido el medio a través del cual se ha expresado la belleza intrínseca del deporte. Como afirmó el escritor ruso Fiódor Dostoyevski: 'La belleza salvará al mundo'. Esta cita resalta cómo la belleza del deporte, ya sea en la gracia de un movimiento o en la emoción de una competencia, puede trascender las barreras del tiempo y el espacio, inspirando a generaciones enteras.

(...)

El deporte, con su capacidad para desafiar y superar obstáculos, ha sido el tema central de muchas obras literarias que exploran la superación personal. Como dijo una vez el autor estadounidense Ralph Waldo Emerson: 'Lo que nos llena de alegría es más fuerte que lo que nos llena de miedo'. Esta frase destaca cómo la determinación y la perseverancia pueden conducir a la victoria, tanto en el deporte como en la vida.

En última instancia, la relación entre la literatura y el deporte es un vínculo indeleble, una conexión entre dos pasiones que han moldeado la historia y la cultura de la humanidad. Como dijo una vez el escritor brasileño Paulo Coelho: 'La vida es como montar en bicicleta. Para mantener el equilibrio, debes seguir adelante'. Esta metáfora del equilibrio en la vida refleja la intersección entre la literatura y el deporte, dos fuerzas poderosas que nos impulsan hacia adelante, hacia nuevas aventuras y descubrimientos. En las páginas de los libros y en los campos de juego, encontramos un universo de posibilidades donde la imaginación y la realidad se entrelazan en un baile eterno de palabras y gestas deportivas".

1.3. La gran figura de Grantland Rice

En Estados Unidos fue donde se consolidó la crónica deportiva colorista, hiperbólica y con un fuerte sentido del interés humano. Desde 1913 Grantland Rice escribió una columna titulada "Sportlight" que tuvo una difusión enorme entre los periódicos del momento y creó un estilo que ha marcado al Periodismo Deportivo estadounidense hasta nuestros días, y que lo ha diferenciado del que se ha desarrollado en otros países.

Durante la década de 1920 –la Edad de Oro del deporte– los escritores deportivos obtuvieron su propio reconocimiento al cubrir la información sobre atletas como Babe Ruth, Bobby Jones, Jack Dempsey y Red Grange. Los mejores periodistas de la época fueron el principal medio por el que los aficionados se informaban sobre sus equipos y atletas favoritos, y su popularidad e importancia en el mundo del deporte continuaron durante décadas. Escritores deportivos legendarios de la Edad de Oro fueron: Grantland Rice, Red Smith, Shirley Povich y W.C. Heinz. Aunque estos escritores se establecieron en la década de 1920, sus carreras se prolongaron durante las décadas siguientes. Informaron sobre Jesse Owens, Joe Louis, Sandy Koufax, Arnold Palmer y muchas otras estrellas de los años veinte y posteriores. El estilo distintivo que cada uno de ellos desarrolló, con lo que elevaron el Periodismo Deportivo a cotas que difícilmente volverá a alcanzar.

Posiblemente el que más destaca entre los cuatro mencionados fue Henry Grantland Rice, un escritor deportivo estadounidense que saltó a la fama a principios del siglo XX. Aunque su prolífica producción incluyó ficción, letras de canciones y guiones, es su estilo distintivo de prosa en la información deportiva lo que sigue resonando entre los lectores de hoy en día.

La escritura de Rice se caracteriza por su elegancia lírica, a menudo empleando recursos literarios y una sensibilidad poética para elevar la escritura deportiva más allá del mero reportaje. Captó el dramatismo y la emoción de la competición atlética, creando retratos memorables de los deportistas y sus logros. Este enfoque, a menudo denominado "el deporte como poesía", contribuyó a establecer la escritura deportiva como una forma respetada de literatura.

Grantland Rice, una leyenda del Periodismo Deportivo, nació en Murfreesboro, Tennessee, el 1 de noviembre de 1880, desarrolló una carrera de 53 años como cronista deportivo y llegó a ser conocido como el decano de los cronistas deportivos estadounidenses. Creció en Nashville, Tennessee, donde asistió a la Universidad de Vanderbilt, antes de conseguir su primer trabajo en el periódico **Nashville Daily News**, a la edad de 20 años. Durante la década de 1920, Rice fue conocido como la "Voz del Deporte", trabajando para varios periódicos, entre ellos el **Atlanta Journal**, el **Cleveland News** y el **Nashville Tennessean**, antes de pasar a la escena nacional en la ciudad de Nueva York. Rice utilizaba muchas imágenes en su trabajo y fue famoso por apodar al famoso "backfield" de Notre Dame de 1920 *Los cuatro jinetes de Notre Dame*, una referencia bíblica al libro del Apocalipsis. Rice es también responsable del dicho "No se trata de si ganas o pierdes, sino de cómo juegas el partido", que procede de uno de sus poemas. Rice murió en 1954.

Su gran intelecto se reflejaba en ese estatus y en esas especialidades. Al final, su estimación de lo que había escrito desde 1901 hasta el 1 de julio de 1954 era de unas 97.000.000 de palabras, incluidas unas 22.000 columnas, 7000 series de versos y más de 1000 artículos para revistas. También trabajó durante 32 temporadas como locutor de radio de las Serie Mundial. En el momento de su muerte, trabajaba con su máquina de escribir en su casa de East Hampton, Long Island, en su columna de seis días a la semana para 80 periódicos. En 1930 era uno de los escritores mejor pagados del mundo y más famoso que la mayoría de los atletas sobre los que escribía.

En 1914 inició su columna "Sportlight" en el **New York Tribune**. También Grantland Rice colaboró en "Sportlights" mensualmente, como parte de los documentales de Paramount de 1925 a 1954. El pasaje añadió gran importancia al evento descrito y lo elevó a un nivel mucho más allá del de un simple partido de fútbol. Este pasaje, aunque famoso, está lejos de ser atípico, ya que los escritos de Rice tendían a ser de un estilo inspirador o heroico, elevando los juegos al nivel de combate antiguo y a sus héroes al estatus de semidioses. Se hizo aún más conocido después de que sus columnas se distribuyeran a nivel nacional a partir de 1930, y se hizo conocido como el decano de los escritores deportivos estadounidenses. Él y sus escritos se encuentran entre las razones por las que a veces se hace referencia a la década de 1920 en los Estados Unidos como la Edad de Oro de los deportes.

Rice se propuso muy conscientemente convertir en héroes a las figuras del deporte que lo impresionaron, en particular Jack Dempsey, Babe Ruth, Bobby Jones, Bill Tilden, Red Grange, Babe Didrikson y Knute Rockne. A diferencia de muchos escritores de su época, Rice defendió el derecho de los jugadores de fútbol como Grange y de los tenistas como Tilden, a ganarse la vida como profesionales, pero también denunció la influencia distorsionadora de las grandes cantidades de dinero en los deportes.

A lo largo de su vida, los escritos de Grantland Rice tuvieron un tema recurrente. Ese tema era el coraje y la fe en uno mismo, que el coraje es la principal virtud y que todas las cosas benefician a quien no tiene miedo. Muchos críticos establecen paralelismos entre la obra de Rice y la de otros autores destacados de su época que compartían su habilidad para tejer una prosa lírica en sus escritos, como Damon Runyon y Ring Lardner. La influencia de Rice también es evidente en las generaciones de escritores deportivos que le siguieron, esforzándose por emular su estilo elocuente y su capacidad para captar el drama humano inherente a la competición atlética.

Una reflexión una interesante la hizo Juan Manuel Rodríguez en **Libertad Digital**: https://www.libertaddigital.com/opinion/2004-07-20/juan-manuel-rodriguez-la-leyenda-de-grantland-rice-5208664/

"Grantland Rice se llevaría una desagradable sorpresa si viera cómo los nuevos periodistas deportivos guardamos una inflexible cola ante la puerta de los futbolistas para arrancarles una frase, forzados ellos por sus clubes a atendernos y obligados nosotros también a aguantar sus gestos de desaprobación. Ha cambiado mucho la historia, tanto que ahora aquello nos parece irreconocible, el paleolítico del Periodismo Deportivo. Fue precisamente Rice quien se dio cuenta antes que el resto de que el público estaba sediento de héroes; inventó la conexión entre el deporte y la prensa, reconstruyendo sobre el papel las gestas de los grandes deportistas de la época como fueron el campeón del mundo de los pesos pesados Jack Dempsey, el golfista Bobby Jones, el atleta Jim Thorpe o el tenista Bill Tilden, el primer americano que conquistó el emblemático torneo de Wimbledon.

Y entonces eran ellos quienes esperaban ansiosos su turno a las puertas del **Tribune** para contarle al cronista deportivo más influyente las últimas novedades que, justo un día después, aparecerían publicadas en "The Sportlight", la columna de opinión más famosa de toda la historia. Grantland Rice escribió sobre todos los deportes, convirtiendo en auténticos héroes a sus protagonistas; y fue también el primero en realizar una transmisión radiofónica de una gran final, la de la Serie Mundial de béisbol de 1922. Del golf solía decir que era "un veinte por ciento de técnica y un ochenta por ciento de filosofía, tragedia, romance, melodrama, compañerismo, camaradería, maldición y diálogo", aunque su columna más conocida quizás fuera la titulada "Los cuatro jinetes de Notre Dame", con motivo del partido que enfrentó al equipo de fútbol americano de aquella universidad contra el equipo de la Armada: "Recortados contra el cielo gris y azul de octubre, los cuatro jinetes cabalgan de nuevo. Hambre, Peste, Destrucción y Muerte sólo son sus alias. Se llaman Harry Stuhldreher, Jim Crowley, Don Miller y Elmer Layden".

2. La modernización del periodismo y su estandarización

Para entender la modernización del periodismo y su estandarización es necesario comprender que en Estados Unidos el estilo periodístico, la forma de escribir, comenzó a racionalizarse entre los profesionales a fines del siglo XIX. Se intentaba comprender en qué consistía lo específicamente periodístico, y de ahí que se creara un concepto: la objetividad en el periodismo.

2.1. Objetividad

En este esfuerzo por entender qué se está haciendo, se encuadran los manuales de preceptiva gramatical, acerca de cómo se escribe correctamente. En las últimas décadas del siglo XIX, encontramos libros que se centraban específicamente en cómo se debía redactar en un periódico. Esa manifestación indica el interés y la preocupación por entender qué es lo periodístico, por qué hay un estilo diferenciado del literario. Progresivamente, se fue produciendo una racionalización, con el fin de que se fijasen diversas reglas. De esta manera, se creó el concepto de objetividad periodística.

Esa noción de objetividad periodística hay que entenderla en la mentalidad positivista predominante en todos los países del mundo occidental. Se trataba de atenerse únicamente a lo que viene dado, a lo que se ve y lo que se puede percibir por los sentidos externos. La objetividad hacía referencia al modo de entender el periodismo como una actividad positivista (el periodismo es objetivo porque cuenta qué sucede con unos datos exactos). Se subrayaba la actitud de periodista que recoge y transmite los datos adecuadamente, que cuenta los datos aportando la información verídica y verificable. Indirectamente, la objetividad también hacía referencia a una cualidad moral, hacer buen periodismo. Se convertía, así, en una categoría moral, no solo en una técnica. Se venía a decir que, si el periodismo es objetivo, es bueno. El mal periodismo es aquel que no cumple con los requisitos necesarios de recopilación de información, valoración, saber tratar los datos, etc. De esta forma, se concreta el estilo, el modo de contar los acontecimientos por parte de los periódicos, de acuerdo a la mentalidad predominante y por ello, se puede decir que la objetividad periodística es una manera de entender la actividad periodística en términos exclusivamente positivistas.

Asimismo, la objetividad se entendía como un modo de informar serio y centrado en datos. El estilo estadounidense, de esta forma, se formuló de una manera sólida, como el que muestra el modo de entender el periodismo en términos de objetividad. No se quedaba en cuestiones teóricas, sino que suponía concreciones y llegaba a detalles y fórmulas bastante específicas, como puede ser la de la exigencia de redactar según el modelo de la pirámide invertida. Se trataba de que en la estructura de la noticia se siguiera un modo claro y más fácil de entender para todos aquellos que la leyeran.

2.2. Crítica al objetivismo: nuevas tendencias desde la crisis cultural de los sesenta

El periodismo se ha contemplado con el paso de los siglos como una actividad regida por los principios típicos del racionalismo. Efectivamente, se empezó a entender la actividad informativa en términos de objetividad; esa expresión quedaba vinculada a otra sinónima que era la de calidad. Se decía entonces que un periódico era objetivo si se consideraba que estaba bien hecho, que decía la verdad, que no engañaba a los lectores. En este sentido, se proponía un ideal que fuera acorde con un modo de conocer la realidad que se calificaba como riguroso, como era el propio del científico, que entonces estaba aureolado con el prestigio de los avances técnicos que llenaban de asombro a las personas de fines del siglo XIX y que les llevaba a pensar ilusamente en el progreso indefinido.

En el momento que se planteó la necesidad de comprender qué era la actividad informativa, se hizo presente el cientifismo que parecía triunfante en otros ámbitos del saber. Téngase en cuenta que en los años en que se inician las enseñanzas universitarias del periodismo estaban dando sus primeros pasos las que luego se han denominado ciencias sociales. Éstas no son más que un intento de aplicar el método científico de las ciencias naturales a la realidad de la persona que vive en sociedad. Por esa influencia de la biología, la física, la química u otras disciplinas afines, el método empírico de investigar que habían desarrollado queda consagrado como el mejor y casi único que permite elaborar lo que comúnmente se entendía por ciencia. Pensaban que tal forma de contemplar la racionalidad era la explicación del adelanto de la humanidad, sobre todo en el aspecto técnico, que asombraba a todo el mundo.

Con estos planteamientos, el periodismo se ha venido entendiendo como la correcta expresión de la realidad, una forma de ofrecer la visión adecuada de lo que sucede. Esta manera de explicar la tarea periodística, con tintes científicos, es la que está detrás del famoso adagio de que "Los hechos son sagrados y las opiniones libres". Así se concretaba el empirismo un tanto ingenuo que se llevaba hace un siglo. Como consecuencia de lo anterior, la actitud que exigida a los reporteros era de distanciamiento respecto a los acontecimientos, para asegurar que no se introducían elementos que pudieran distorsionar la tan ansiada búsqueda de la objetividad. Todo aquello que cupiera calificarlo como subjetivo no se podía aceptar. Por esto, las emociones no tenían cabida: solo lo serio era aceptable.

Lo anterior referido al tono circunspecto y casi solemne no se aplicaba ni a todo tipo de noticias ni a cualquier publicación. Era claro que determinados contenidos eran ligeros y no exigían unos modos de informar que pudieran calificarse como serios. Ni en los artículos de sociedad o de deportes, por ejemplo, se podía adoptar un tratamiento frío o despegado. Lo mismo se pudo a aplicar a una prensa popular que se guiaba por unas reglas bien alejadas del periodismo serio y de calidad, pues fueron las noticias sensacionalistas las que llenaban sus portadas y buena parte de sus páginas.

De esta forma, se pudo establecer una división antagónica entre diarios de calidad, de gran formato, centrados en los contenidos políticos, económicos y culturales interesantes para una minoría dirigente; y otros de bajo nivel, formato pequeño y con una superabundancia de sangre, violencia y sexo. En algunos países, especialmente en el Reino Unido, se trataba de dos formatos que no competían entre sí, por dirigirse a públicos distintos. Si nos centramos específicamente en la apelación a lo emocional, la diferencia entre el objetivismo, característico de la prensa de alto nivel, y el sensacionalismo, típico de la popular, era evidente. En el primer caso, se rechazaba por ir contra los principios de un periodismo entendido como un garante de un determinado tono intelectual y moral. Para los periódicos sensacionalistas, por el contrario, no suscitaba ningún problema el que fueran las emociones un componente característico de sus páginas, pues eso es lo que interesaba realmente a su audiencia.

Pero los tiempos han cambiado mucho desde entonces y la actividad periodística no sólo ha ido transformándose, sino que también se ha profundizado más en su conocimiento y ahora podemos decir que sabemos mejor qué es. Conforme se ha producido la crisis de la racionalidad en el pasado siglo y se ha ido apreciando que no eran adecuados los principios entonces triunfantes, también el periodismo ha cambiado. La objetividad proclamada es incompatible con la variedad y la falta de uniformidad que apreciamos cada día cuando comprobamos que cada diario es diferente de los otros. Aunque puedan ser muy parecidos no son iguales. En la medida en que los principios editoriales difieren, la selección informativa es distinta, se concede diferente importancia a unos hechos respecto a otros, el modo de presentar la realidad se hace en función de quiénes son compradores o lectores habituales. Podríamos poner muchos ejemplos. No hacen falta porque la experiencia de cualquier persona que se acerque a los quioscos es la de que hay diferencias.

Esta manera de comprender el periodismo entró en crisis a partir de los años 60 del siglo pasado, y el objetivismo fue quedándose como una manera de redactar entre otras de las que estaban apareciendo; ya no era la única, como se entendía antes.

La crisis vino porque la fórmula objetivista es engañosa, es falaz. El ideal de la crónica perfecta, dar cuenta de lo que ha sucedido con una precisión total, es imposible, es un ideal. Por otra parte, hay muchas formas de contar qué está sucediendo, estamos ante la cuestión de la selección informativa y la valoración que exige una tarea informativa: todos los periódicos intentan ser objetivos, pero todos escriben cosas diferentes. Las maneras de entender los acontecimientos son muy diferentes, no puede haber únicamente una. Se va comprobando en la práctica que la manera de entender el periodismo en términos de objetividad es falaz.

En los años 60 del siglo XX, se manifestó de una manera clara esa oposición a la cultura dominante y se intentó hacer una crítica de las falsedades y engaños que dominaban la vida política y social. Esto también afectó al periodismo, al que se criticó por unos modos y planteamientos que identificaban con el modo capitalista o estadounidense de entender el mundo. Esto se mostró por el desarrollo de la prensa marginal (*underground*) y por el nuevo periodismo de Tom Wolfe y sus colegas (una manifestación de entender el periodismo que no sigue las reglas tradicionales, propias del modelo objetivista).

De esta forma, el paradigma y modelo se rompió, el objetivismo tal y como se había ido elaborando cayó por los suelos, aunque evidentemente esto no supuso una desaparición por completo del modo anterior. Por esto, se empezó a decir que "La noticia se cocina" o que el periodista se dedica a contar historias.

Por esto el público ha ido cobrando conciencia de que los planteamientos de defensa de la objetividad son falaces. Ante la desaparición de las anteriores convicciones, algunos propenden al escepticismo y caen en la negación de que pueda haber verdad en el periodismo. Esa es la reacción de quienes entienden de forma simple cómo se lleva a cabo la tarea informativa.

Los teóricos de la Comunicación hace décadas que han ido poniendo de manifiesto que la actividad informativa es de tipo prudencial y que es imposible comprenderla en términos de precisión, exactitud o unicidad. No existe el relato periodístico perfecto y, como consecuencia, único, cuando los elementos subjetivos forman parte necesaria del proceso de elaboración. En esta línea, se ha ido imponiendo la idea de que las noticias se construyen, se elaboran o cocinan en los medios; es decir, que es imprescindible introducir criterio y juicio, con lo que esto supone de rechazo de una aséptica narración de lo que verdaderamente ha sucedido.

Esta nueva forma de entender la actividad informativa ha llevado a plantear que quien argumente en términos de objetividad está ocultando sus intenciones reales. Vendría a decirse que, si alguien presenta una noticia como más objetiva, en realidad está tratando de imponer su modo de acercarse a la realidad como el único válido. De ahí que se pueda dudar de la honradez de quien se manifiesta en unos términos que son engañosos, pues cabe que se den varios enfoques en la información y que sean legítimos. Por esto algunos autores, que se mueven en el ámbito del pensamiento crítico, plantean que la argumentación basándose en esos presupuestos teóricos objetivistas no es más que un ritual falso: se siguen unas reglas que servían en tiempos pasados y ahora sabemos que no son las únicas válidas. En esta línea, ir con la objetividad por delante sólo indica que algo se oculta.

Estas nuevas propuestas subrayaban que los periodistas lo que hacen es contar historias y por eso emplean unas técnicas que son las que se han ido depurando no sólo en el ámbito periodístico, sino también en el literario. Los reportajes, sobre todo, que se han podido leer desde entonces son piezas que son juzgadas no ya por la precisión y exactitud de lo que se cuenta, sino por su buena factura, porque resultan interesantes y cabe calificarlas como bien escritas. Se hace un ejercicio de estilismo que se aleja de las rigideces que había impuesto la visión clásica del periodismo.

Como consecuencia de ese modo distinto de dar cuenta de la realidad, volvió a recobrar importancia la necesidad de impresionar al público, de utilizar aquellos recursos que conmovían a quien leyera el escrito. Con este cambio, las emociones volvían a entrar en escena, después de décadas en las que habían quedado desterradas de periódicos que pudieran calificarse como publicaciones de calidad.

Nos centramos en el hecho de que, a pesar de que se han fijado unas reglas y unos modos propios y específicos del periodismo, en los periódicos nos encontramos con que han desaparecido otras manifestaciones de un modo de escribir distinto. Hay una supervivencia de un estilo más literario.

El estilo literario se adecúa mejor a la narración de determinados acontecimientos y sucesos y esa narración, si se hubiera hecho con unos criterios y planteamientos típicos de la objetividad, hubiera sido imposible, pobre. Nos centramos ahora en la crónica deportiva. Las crónicas deportivas que se escriben son fundamentalmente conforme al modelo literario, se puede hablar de una vuelta hacia atrás, a lo previo a la objetividad y a las reglas de estilo fijadas por los manuales y académicos enseñadas en las escuelas de periodismo; por ello, se puede decir que el estilo literario ha sobrevivido.

3. Pervivencia de una modalidad en desuso en otras áreas periodísticas

Una crónica periodística es un texto narrativo del género periodístico, es una narración escrita con fines documentales, para abordar un aspecto de la realidad que el periodista considera de interés noticioso. En ella se cuentan hechos de distinta naturaleza, ya sea que los haya presenciado el periodista o que los haya recompuesto mediante la investigación, y que pueden abarcar un lapso de tiempo muy distendido: días, semanas o años. El escrito incluye valoraciones y juicios subjetivos.

A grandes rasgos, la crónica periodística se caracteriza por lo siguiente:

1. Se trata de una narración periodística, que combina la objetividad del reportaje con los mecanismos narrativos de la literatura. Sin embargo, en ella no tiene cabida la ficción.

2. Relata eventos reales y comprobables, que el periodista puede haber atestiguado a que ha compuesto a partir de testimonio de terceros. Estos eventos pueden ser muy dilatados en el tiempo.

3. A diferencia de otros textos periodísticos, posee el sello de su autor, de modo que no responde a un formato preestablecido y estandarizado. Su estructura es libre y diversa.

4. Suelen ser textos extensos, que abordan un tema a profundidad, ofreciéndole al lector una combinación de datos informativos y narración.

Las diferencias entre la crónica y la noticia tienen que ver, fundamentalmente, con el carácter híbrido de la crónica, que le permite una mayor cuota de libertades expresivas, y la dota de un sello de autor del cual la noticia carece. Esta última ni siquiera suele ser firmada, dado que consiste en un texto objetivo del cual el diario se responsabilidad.

Respecto a la extensión: las noticias son textos generalmente breves, escritos con lenguaje transparente y objetivo, mientras que una crónica encontramos textos más amplios, puesto que no tratan exclusivamente de un hecho sin más consideraciones.

En cuanto al estilo, en la noticia prima lo objetivo y factual, la crónica, por el contrario, es subjetiva y contiene valoraciones y opiniones.

Por lo que se refiere a la autoría lo habitual es que una noticia aparezca sin firma, y en el caso de la crónica sí aparece firmada, pues es fundamental mostrar quién es el autor, y esto explica que esté redactada con un estilo peculiar y reconocible.

La manera de elaborar una noticia suele tener un esquema más rígido (la estructura típica es la de la pirámide invertida) y el reportaje es más libre, no tiene que sujetarse a fórmulas rígidas.

Respecto a las diferencias con respecto al reportaje. Una está en que en la crónica hace un énfasis especial en su versión particular y relativo de los hechos que relata; en este género se describe a los personajes desde destinos ángulo y se emplean recursos literarios, como el enganche para llamar la atención del espectador, es por ello que la crónica está muy ligada con la literatura, tanto por su extensión, como por la forma como está escrita. Utiliza las herramientas de la ficción literaria, pero en este género tiene como materia prima los hechos de la realidad. La cual debe ser moldeada, adornada a la hora de exponerla a los telespectadores, teniendo cuidado de jamás alternar su contenido real.

El estilo de la crónica está determinado por quién lo realiza, razón por la cual en este género se permiten al periodista, así como un manejo libre del lenguaje que narra la historia puede bien estar incluido o no en el relato. Su duración puede variar porque depende del enfoque y el tiempo que le dé al director, además de la cantidad de hechos a los que recurra para poder llevaría a feliz término.

Lo interesante de la crónica es que se trata de un género híbrido, que echa mano a todo tipo de recursos para contar su relato, incluso aquellos que son típicamente literarios, como la metáfora o los recursos estilísticos. Sin embargo, al tratarse de un texto de no ficción, todo lo relatado debe ser real y objetivo, es decir, no tienen cabida la imaginación y la invención. Por lo demás, las crónicas periodísticas suelen ser extensas y a menudo se consideran a medio camino entre el reportaje y la noticia.

La crónica deportiva se puede entender como una pervivencia de una modalidad en desuso. Esto se puede apreciar en varios aspectos.

La libertad para utilizar otros recursos que no pueden ser aceptados en otras secciones del periódico. Se está produciendo una especie de vuelta, se potencian los elementos connotativos para llamar la atención de la audiencia. Se tiende a utilizar recursos literarios, sin que se pueda descalificar al medio o periodista que lo escribe, porque se acepta como algo legítimo.

Un ejercicio consciente de estilismo. No solo se utilizan recursos como la adjetivación, que en principio tampoco debería aceptarse en el periodismo objetivo, además, la crónica deportiva aparece como una muestra del buen escribir. El estilo del que redacta es un ejercicio consciente de estilismo y es personal.

Posibilidades del interés humano. La manifestación más llamativa que se presenta de una forma más patente es el desarrollo del interés humano. La crónica deportiva ha hecho un uso muy consciente del interés humano, cuenta la historia de una persona, ya no es únicamente contar qué ha pasado en el partido.

Por todo lo dicho, se puede afirmar que el mejor periodismo literario se encuentra en las crónicas deportivas.

Las retransmisiones deportivas y las emociones

Las retransmisiones radiofónicas y televisivas deportivas han transformado el deporte en un espectáculo global. Llenas de emoción, logran captar la atención de millones de espectadores, generando una conexión intensa con los eventos. Estas transmisiones atraen una gran audiencia, lo que ha impulsado el crecimiento exponencial del deporte y su impacto mediático. Gracias a ellas, las competiciones han alcanzado grandes audiencias y se han convertido en un punto fuerte en la programación de radios y televisiones. La demanda ha llevado a que los derechos de transmisión televisiva alcancen precios muy altos, reflejando su enorme valor comercial.

Los programas de gran audiencia, tanto en radio como en televisión, han tenido una audiencia enorme y de ahí que se haya incrementado de manera espectacular el número de aficionados enganchados por las retransmisiones audiovisuales.

Por las características propias de cada medio, conviene abordar el tema de las retransmisiones deportivas por separado. En primer lugar, trataremos de la radio y después de la televisión. Para terminar, nos acercaremos a una faceta relacionada con los dos primeros apartados: las emociones y su papel clave para llamar la atención, con lo que esto supone en términos de audiencia y publicidad.

Para esto puede ser útil una diferenciación que formuló McLuhan, en *Comprender los medios de comunicación. Las extensiones del ser humano.*

Distingue dos tipos de medios los medios fríos serían aquellos que exigían de sus receptores una alta interacción; en otras palabras, al no ofrecer demasiados detalles sobre sus contenidos, obligan a los receptores a participar de forma muy activa en el proceso de comunicación. Un ejemplo extendido es la radio, que, al ofrecer a sus receptores únicamente sonido, obliga al oyente a usar su imaginación para completar la información que recibe.

Por el contrario, los medios calientes lo son porque aportan al espectador tanta información que este no requiere un gran esfuerzo para percibirla. El caso paradigmático sería la televisión, que permite del espectador una respuesta bastante pasiva.

Para el teórico canadiense existe una relación inversamente proporcional entre información y participación en cada medio, si bien ambos tipos lo que quiere establecer, en concreto, es que un medio caliente para el usuario tiene efectos distintos. La diferenciación entre medios fríos y calientes sirve para entender cómo afectan a los usuarios, a las secuelas que producen en la sociedad: los calientes excluyen y los fríos incluyen. Por ejemplo, la televisión incita al diálogo y esto facilita las relaciones personales entre las personas. Los calientes potencian la individualidad, pues es cada persona la que reelabora lo que recibe, pues debe reconstruir en imágenes mentales aquello que se le transmite.

1. Las retransmisiones radiofónicas

1.1. Los recursos radiofónicos

Como explica Jesús Castañón Rodríguez (en "Idioma y Deporte", "Recursos lingüísticos en la radio deportiva"

https://www.idiomaydeporte.com/articulos/recursos-linguisticos-en-la-radio-deportiva.php).

"La primera transmisión deportiva fue el combate de boxeo entre Dempsey y Carpentier. Lo emitió la emisora estadounidense KDK el 2 de julio de 1921 y se puso en marcha una banda sonora que buscaba el derecho a la sorpresa, las descripciones detalladas, la narrativa épica que interpreta dramáticamente los sonidos y la forma de impactar y seducir a una audiencia formada por gentes cuyo estado de ánimo pasa de la cara de entierro a la faz encendida de satisfacción.

Ha fijado las gestas en las retinas de los aficionados, las ha detenido en el tiempo de la memoria y ha transformado los instantes mágicos de una genialidad en una estatua fluida, mientras siguen los tiempos y los deportistas en su imparable discurrir. Ha creado con palabras una campana de emociones para llorar, reír, soñar...

Para el idioma, la radio deportiva se ha convertido en un juego que transmite espontaneidad y expresividad gracias a su continua evolución y expansión. Siempre ha procurado regular la emoción con el mejor uso posible del lenguaje, desarrollar su capacidad para crear imágenes mentales y captar la atención con voces prodigiosas y libres juegos de asociaciones que combinan situaciones, avisos publicitarios y títulos cinematográficos y atienden a la lírica de los sentimientos, la épica del esfuerzo y la dramática de las situaciones en conflicto.

En este ambiente, el periodista deportivo se halla en un cruce de energías creativas que convierte su labor en un taller activo de la forja idiomática, dado que el empleo del lenguaje no se limitará al uso normativo, sino que lo desbordará, fundamentalmente, en los niveles fónico y léxico. Aparece como otro partido, que se disputa en alta velocidad y transporta al ser humano al límite.

Los relatos han creado una "fonoestilística" particular para recrear temblores, rugidos, vibraciones, trayectorias... a partir de su recreación mediante r, f, s, z, u, i. Se alargan vocales y consonantes. Se habla con el mayor número de palabras en el menor espacio de tiempo posible, en una tendencia que introdujeron los hombres-metralleta argentinos, con un especial cuidado de la vocalización. Se juega con variedad de entonaciones que suben y bajan sus curvas y modulaciones para hacer latir el corazón al compás las emociones, las controversias y los arrebatos. Se emplean diferentes timbres de voz, con contrastes. Y en los momentos más destacados de las competiciones se pone en marcha una intensidad a pleno pulmón para saludar al sueño que se acaba de conquistar, con especial atención a la magia de la palabra gol con la fuerza del estallido de su canto con pólvora, explosión y humo o como fuente de electrochoque emocional, patetismo y engolamiento de la voz.

Gruñidos y roncos alaridos, erres vibrantes, silbantes eses, vientos de efes y zetas salen al encuentro de palabras que acompañen las acciones deportivas del oyente. Ritmos acelerados, vocales alargadas y modulaciones de voz harán un encefalograma por el que suban y bajen las emociones, las ilusiones y las esperanzas en un constante esfuerzo de imaginación e ingenio hasta llegar al agotamiento.

Lázaro Carreter alababa la riqueza léxica y variedad de recursos para mantener el lenguaje vivo, su imaginación y creatividad, pero criticaba los excesos de la lengua-espectáculo en cuanto suponían un empobrecimiento de la lengua y del pensamiento, un modo extravagante de llamar la atención, un trueque babélico y una irresponsabilidad social en la difusión de ciertos usos del idioma.

Esta necesidad de mejora afecta a cinco ámbitos. Primero, los abusos y errores lingüísticos que surgen por laxitud –"adelante" delante por, "histórico" por memorable, "poner coto" por poner cerco, "señalizar" por señalar...– y las recreaciones absurdas de términos y giros –"quedarse en un vilo" por quedarse en vilo, "de chúpate dómine" por chupa de dómine, "alma mater y alma pater"–. Son unos gazapos o chascarros que también son analizados por la Academia de Humor en la sección "La cárcel de papel y de las ondas del lenguaje futbolístico" para la página web Idioma-ydeporte.com en cuanto constituyen imprecisiones, excesos verbales o contradicciones de tópicos. Y así, se regatean las aristas de la realidad deportiva para marcar el gol de la sonrisa en la boca de la gente al descubrir relaciones curiosas en expresiones como gol "a balón parado", ya que si estuviera estático nunca podría colarse en ningún sitio, o "dispara con su pierna derecha" como si se hubiera la posibilidad de jugar con una pierna ajena.

Los lingüistas también se han mostrado a favor del lenguaje radiofónico, entre otros, en cuatro aspectos. Primero, alaban su creatividad que surge de varias necesidades: designar nuevas realidades, contar con un estilo y una expresividad que marquen diferencias y eviten repeticiones, conectar con la sociedad mediante códigos ajenos al deporte y formar fórmulas breves. Este gusto por la experimentación lingüística llega a su máxima expresión en el humorismo con expresiones ligeras, rápidas y llenas de alusiones en una forma libre de expresión capaz de unir a la gente, destacar el derecho a la sorpresa y llegar a la verdad, leyendo entre líneas y descubriendo la realidad cierta que hay tras las apariencias.

Algunas características de la narración radiofónica deportiva: el contenido principal es la narración de un acontecimiento deportivo; se una modalidad del periodismo radiofónico que tiene unas características típicas de la radio, pero también diferenciadoras respecto a otro tipo de información; y en la narración deberían utilizarse oraciones simples, enunciativas y exclamativas.

Respecto a esa último no es raro encontrar defectos que se repiten, como una adjetivación excesiva, una abundancia de extranjerismos, neologismos y frases hechas. Como es bien conocido, el campo semántico no deportivo más usual es el bélico. En gran medida, todo esto tiene que ver con la expresividad: la narración tiene que ser especialmente expresiva".

1.2. Referencias históricas

La puesta en marcha de una tecnología que permitiera la retransmisión en directo fue clave. Anteriormente, no se podían realizar por la radio retransmisiones de partidos y combates (el boxeo estaba muy popularizado) por problemas técnicos.

En España los años 40 son los que crecieron en popularidad programas tales como Carrusel Deportivo de la SER y Tablero Deportivo de RNE. Esos programas de la radio están centrados en la jornada de liga de fútbol y, como en la actualidad, iban narrando de forma alternativa lo que iba sucediendo en los distintos estadios mediante corresponsales. Estaban a su vez ligados a las quinielas. Este tipo de programas se ha ido manteniendo con el tiempo. Por supuesto, que se han ido modificando las formas, principalmente en la parte técnica (multiconexión).

Se pueden destacar algunas tendencias recientes. Se ha producido un cambio del modo de narrar: de lo individual a lo coral. Dentro del mismo partido, son muchos los micrófonos que entran. Hay un conductor, pero intervienen diversas personas, con la inclusión de expertos, exfutbolistas...

También resulta interesante el protagonismo de la publicidad, pues, en gran medida, sigue siendo una herencia del pasado y que se ha ido modulando con los cambios que se han producido. Son programas muy fácilmente vendibles, se interrumpen continuamente y entra la publicidad. Se ha consolidado la figura, un tanto trasnochada, del propio narrador que hace las inserciones publicitarias, etc.

El uso de imágenes televisivas para narrar partidos se ha incrementado. Nos encontramos con que los programas de radio se comentan las repeticiones de las acciones en la televisión, la interpretación del VAR, etc.

No hay que dejar de mencionar el papel desempeñado por las redes sociales, que están cobrando un gran auge.

2. Las retransmisiones televisivas

Como hemos comentado en un capítulo anterior, deporte y televisión son dos fenómenos íntimamente unidos. Desde la aparición del nuevo medio de comunicación, la simbiosis entre deporte y televisión ha sido perfecta. El objetivo común de aumentar los adeptos y las audiencias, respectivamente, se ha logrado. No se entiende el desarrollo y arraigo del deporte actual si no es por medio de las grandes retransmisiones televisivas. El deporte puede contemplarse desde varias perspectivas, como la formativa, lúdica, técnica, profesional, comercial y política. Sin embargo, el deporte actual navega en la ideología del entretenimiento. Televisión y deporte parecen haber sido creados el uno para el otro.

2.1. Características de las retransmisiones en televisión

Desde el punto de vista del entretenimiento, las retransmisiones deportivas se han convertido en un contenido esencial en la programación de las diferentes cadenas televisivas. Así, el incremento de la actividad deportiva y su profesionalización son factores paralelos a la expectación que producen estos eventos durante las retransmisiones televisivas. El deporte como espectáculo, fuente de diversión y emoción, se amplía gracias al medio televisivo.

La puesta en escena del deporte en su dimensión más reglamentada y formal se caracteriza por la espectacularidad, llegando incluso a contar con factores que lo asimilan al fenómeno teatral. De hecho, se recurre al enfoque dramatúrgico para analizar las representaciones de los deportes. La acción humana se presenta como una constante representación escénica en la que el actor o actores desempeñan un papel en presencia de una audiencia. De este modo, la actividad deportiva se asimila a una obra representada para un público por diferentes actores que desempeñan su papel en unos escenarios altamente formalizados.

La retransmisión no constituye propiamente un género, sino la forma en que se ofrece técnicamente la realización de ciertos géneros o contenidos (teatro, deportes, conciertos, etc.); es, consiguientemente, una de las variables definidoras de los programas de televisión, concretamente, la que hace referencia a la condición de producción fuera de los estudios habituales de televisión (localización exterior) con el concurso de los medios técnicos de la grabación continua y la técnica de captación multicámara, por lo que los programas así producidos requieren del concurso de las unidades móviles (controles de realización transportables).

Desde los orígenes de la televisión, las retransmisiones se han erigido como productos esenciales en la conformación del medio. Generalmente, son paralelas a los eventos representados, es decir, existe coincidencia entre el tiempo de desarrollo del evento y la retransmisión del mismo. Suelen ofrecerse, por tanto, en directo. Esta definición de retransmisión desde una perspectiva técnica contempla el proceso de reenvío a la audiencia, de manera casi simultánea a los hechos, del material audiovisual captado por equipos técnicos y humanos desplazados al espacio en el que tiene lugar el evento para informar de manera periodística de aquello que sucede.

En el caso de las retransmisiones deportivas esta circunstancia aporta un grado de incertidumbre añadida, puesto que la simultaneidad de la retransmisión y del desarrollo del acontecimiento provoca que no se conozca el resultado o desenlace de la competición hasta la conclusión de esta.

2.2. Cómo plantear las retransmisiones televisivas

Desde el punto de vista periodístico, la retransmisión deportiva se caracteriza por aunar en una misma dimensión el dramatismo y la espectacularidad, factores determinados en gran medida por las peculiaridades del medio televisivo. Así, en las retransmisiones deportivas la incorporación de las innovaciones tecnológicas obedece al deseo de lograr una mayor implicación emotiva del público con el evento deportivo. Y es que las nuevas tecnologías empleadas para la captación y tratamiento audiovisual del mensaje pueden determinar el grado de preponderancia visual percibida por el espectador.

La retransmisión de acontecimientos deportivos está enormemente centrada en el fútbol. No es que no existan otros acontecimientos, pero en España la popularidad del deporte ha estado centrada en el fútbol y, a la hora de ir incorporando novedades al medio televisivo, se dio prioridad a estas retransmisiones. La introducción del color en televisión, por ejemplo, se hizo en el Mundial de Alemania de 1974.

Hay que anotar que la primera retransmisión en España fue el 19 de agosto de 1948 y el primer partido que se retransmitió fue un Real Madrid-Atlético de Madrid el 9 de abril de 1958 en TVE.

Las Olimpiadas de México en 1968 se retransmitieron vía satélite, y en 1971 se llevó a cabo la primera retransmisión en color; en concreto, un combate de boxeo de Ali, que sirvió de experimento para el Mundial.

Desde los orígenes, la retransmisión televisiva estuvo muy condicionada por las posibilidades técnicas. Las exigencias técnicas han sido posiblemente las que han marcado más la evolución del medio. Las deportivas, se han convertido en las transmisiones regulares por antonomasia. No hay que olvidar, en todo caso, que los grandes acontecimientos que se televisan no son solo los deportivos, como sucedió con coronación de la Reina de Inglaterra, Isabel II. Ha habido acontecimientos aislados con más audiencia que los deportivos.

En cuanto a las retransmisiones, así como en la radio hay bastante acuerdo, en el caso de la televisión hay más discrepancias en cuanto al modo de realizarlas, porque la primera cuestión que se plantea es cómo se cuenta lo que está sucediendo. En la radio la persona no lo ve, en el caso de la televisión no tiene por qué recibir la información que ya contempla. Por eso, teóricamente, la transmisión televisiva tendría que ser un acompañamiento a lo que se está viendo y la narración no debería convertirse en la protagonista.

3. Periodismo y emociones

Cuando se van elaborando teorías, se han ido aplicando diferentes teorías psicológicas que afectan al Periodismo Deportivo. Por un lado, hay teorías relacionadas en general con el tema de las emociones, está muy de moda la inteligencia emocional. Las emociones forman parte de la vida humana, de la personalidad y no se les puede olvidar.

3.1. Periodismo emocional

Históricamente se han desarrollado los aspectos cognitivos, relacionados con las emociones y los aspectos afectivos. El conocimiento humano está condicionado por las emociones, hay que atender a los efectos que tienen en las personas. El público no percibe de la misma forma las informaciones. Dependiendo de las personas, se concede más importancia a lo que dicen unas personas u otras. Los procesos que se utilizan han empezado a ver que los sentimientos que se van suscitando conforme conocemos la realidad, hacen que se modifique y se perciba la realidad de una forma diferente que aquellas personas que en ellos hay otros sentimientos.

Como ya ha salido antes, ha habido una crisis en el modo clásico de entender la objetividad periodística: no hay que olvidar que hay más que lo puramente racional. La objetividad es la que caracteriza una postura de alejamiento, no se pueden introducir elementos emocionales. Por la vía práctica, los periodistas han ido haciendo un periodismo más emocional. Esto se percibe sobre todo en los años 60 con el Nuevo Periodismo, donde se intenta provocar emociones. Se cambia el concepto de objetividad porque se va haciendo un periodismo que no corresponde a esas reglas típicas de la objetividad.

Otro elemento que hay que destacar es la aparición de los medios audiovisuales. La radio suscita emociones en la audiencia y el periodista que utiliza ese medio, de manera consciente, emplea ese recurso, de tal modo que, para hacer buena radio, hay que suscitar emociones. La televisión, por otro lado, aporta la imagen en movimiento, que suelen producir un gran impacto por su capacidad de suscitar las emociones de la audiencia. De aquí que los medios de comunicación audiovisuales hayan explotado las posibilidades emotivas de aquello que transmiten.

Hay más posibilidades que suelen incluirse cuando se emplean conceptos como los cuatro siguientes:

1. Connotación: una expresión conlleva, además de su significado propio o específico, otro de tipo expresivo o apelativo (frente a denotar: dicho de una palabra o de una expresión, se traduce por significar objetivamente)

2. Retórica de las emociones: intervención de cualquier contenido latente del texto sobre los sentimientos de lector, que responde a un propósito buscado por quien elabora el mensaje

3. Significado asociativo: conjunto de valores afectivos, ideas accesorias, propiedades no centrales de los referentes y sentidos que adquieren las palabras con los contextos

4. Contenido afectivo: resultado de la expresividad evocadora causada por el uso selectivo de una pieza léxica

3.2. Los niveles de implicación de la audiencia

Al abordar cómo las emociones afectan a la implicación de la audiencia de los medios, encontramos una escala en los procesos de experimentar los efectos, elaborada por William J. Brown ("Examining Four Precesses of Audience Involvement With Media Personae", *Communication Theory*, (2015), pp. 1-25). Según este hay cuatro etapas que van de menos a más, en cuanto a la implicación:

1. Transportación: el tema es la evasión. Se produce cuando el espectador se involucra intensamente en el relato de un modo emocional y cognoscitivo. Esta conexión se puede producir tanto con los personajes como con la historia que se presenta. Quienes se involucran en el relato pueden llegar a sumergirse en él de tal forma que lo reviven personalmente y lo experimentan como si lo narrado les estuviera sucediendo a ellos mismos. En la medida en que los medios de comunicación se han convertido en nuevos vehículos para experimentar algo similar a sumergirse en un libro o perderse en la lectura, se han ido convirtiendo en objeto de mayor interés para los estudiosos. La capacidad de lo audiovisual para lograr esa transportación es superior a la lectura y además las situaciones de consumo suelen ser sociales y no solitarias, con lo que se refuerza la sensación de agrado al compartirla con otras personas cercanas.

   El espectador se involucra intensamente en el relato emocional y cognitivamente. Conecta con personajes e historias. Procura que quien lee o escucha se sumerja en el relato como si nos sucediera a nosotros mismos.

2. Interacción para-social: supone una creación de personas con las que se interactúa y que no son personas reales. Forma de hablar con los personajes. Es una pseudo relación que es consecuencia de un falso sentimiento de intimidad creado al consumir el producto audiovisual, ya sea de radio o de televisión, y también a través de las redes sociales.

   Creación de una pseudo relación por un falso sentimiento de intimidad al consumir el producto audiovisual y a través de las redes sociales. Se trata de amigos imaginarios.

3. Identificación: mayor cabida del personaje en nuestra imaginación. la identificación supone olvidarse de uno mismo para convertirse en otro. Esto sucede mientras se ve la serie o lee el relato de que se trate, pero esa experiencia puede hacerse más duradera con el consumo y los efectos ser más profundos y mantenidos en el tiempo. El recuerdo ayuda a reproducir la situación placentera y de esa forma se puede llegar a vivir como algo personal y propio lo

que le sucede a la otra persona, con lo que puede llevar a crear una vida paralela, de ensueño o de sufrimiento. Por esto, identificarse con un personaje puede llegar a ser algo patológico, en la medida en que lo interiorizado quede convertido en una limitación para el propio desarrollo. Dificulta la maduración de una personalidad aquello que no le ayuda a tomar decisiones de entidad, cuando hay una interiorización de conductas irresponsables o infantiles de los personajes favoritos de una narración, escrita o audiovisual.

El personaje entra en nuestra imaginación. Olvidarse de uno mismo para convertirse en otro. Mientras vemos la serie o leemos el relato. Experiencia duradera con el consumo. Efectos profundos y mantenidos en el tiempo. El recuerdo reproduce la situación placentera. Vivir como algo personal lo que le sucede al otro. Crear una vida paralela, de ensueño o de sufrimiento. Identificarse patológicamente puede limitar el propio desarrollo. Interiorizar conductas irresponsables o infantiles de personajes favoritos dificulta la maduración.

4. Idolización: adoración. Cuando se habla de "idolización" entendemos que se trata de una comparación con la actitud de entrega a Dios, de reconocimiento de su grandeza. En el ámbito de las ciencias sociales ese concepto se mueve en el entorno de la creación de ídolos, de personas que presentan unas cualidades y una forma de actuar que resultan no sólo atractivas, sino sublimes. La consecuencia del descubrimiento de esa superioridad es un especial reconocimiento y un deseo de emular a quien se admira intensamente.

Adoración pura y dura. Reconocimiento de su grandeza. Creación de ídolos con cualidades y formas de actuar atractivas y sublimes. Reconocimiento especial y deseo de emular al admirado intensamente. Convertir a deportistas en semidioses, con superpoderes.

4. Emociones en el Periodismo Deportivo

En el momento en que los medios audiovisuales se convirtieron en instrumento para una comunicación que salía del ámbito de lo personal para convertirse en medios sociales de comunicación asumieron funciones y finalidades que no se contemplaban cuando reinaba el periodismo impreso. Esas funciones informativas que ejercía hasta entonces sobre todo la prensa, se incorporaron a las tareas radiofónicas y televisivas. Esto se hizo adaptando lo que se había hecho anteriormente. Así, por ejemplo, los boletines informativos radiofónicos seguían los pasos de los diarios e incluso, muy al principio, consistían en leer las noticias impresas.

4.1. Los elementos dramáticos en el mundo audiovisual

La televisión, a su vez, empleaba bustos parlantes para contar la actualidad de una forma que era enteramente similar a lo que hacían los locutores de radio. Hubo una imitación de formas ya empleadas anteriormente. Daba la impresión de que se daba una información que iba por detrás de la de la prensa, que básicamente difería en cuanto a los modos de darla. En verdad, la famosa complementariedad de los medios no era tal, sino que era un intento teórico de hacer compatibles entre sí a los medios anteriores con los nuevos.

En esa situación de lucha por la audiencia, la radio y la televisión, y más esta última, han jugado a fondo la baza de suscitar las emociones del público. La narración plana y casi átona de las noticias no encaja en las peculiaridades de lo radiofónico, y de ahí que se imponga un estilo más sentimental. En el caso de la televisión es evidente que es muy grande la capacidad de atraer que poseen las imágenes en movimiento; tanto que incluso pueden llegar a mantener en vilo a la audiencia.

Como ya se ha comentado, el deporte tiene mucho que ver con la pasión, con lo emocional. De ahí que resulta más fácil explotar esos elementos dramáticos.

Lo dramático puede ser forzado y no corresponder del todo con la realidad, y aquí cabría hablar de sensacionalismo; pero en otras ocasiones nos encontramos con que la fuerza de las imágenes de lo sucedido es muy grande y no cabe hablar de exageración. Valga el ejemplo de las filmaciones de desastres naturales que resultan impresionantes y que, de hecho, conmueven a quienes las ven. Como ya hemos visto anteriormente, en el medio televisivo se tiende a crear espectáculos, por la capacidad de arrastre que estos poseen, y en esto viene a coincidir con esas imágenes que cobran un protagonismo informativo por los elementos visuales que incluyen.

Hace unos años, en un proyecto de investigación sobre las noticias de las televisiones españolas, comprobamos que el tema que agrupaba la cantidad mayor era el de desastres y catástrofes naturales. Por cierto, los colegas que vieron los resultados se quejaron por lo que ellos entendían como una crítica de los investigadores que les acusábamos de catastrofismo. No eran justos en su apreciación porque lo único que habíamos hecho había sido contar y sumar, y no habíamos actuado así con intención aviesa alguna. Sucedía y sucede que el impacto y correspondiente interés de esas imágenes es mayor que el de otras realidades que poseen más valor informativo, desde el punto de vista político, económico o cultural.

La competencia entre las emisoras de televisión, que en España se ha denominado la dictadura de las audiencias o de los audímetros, hace que la información televisiva se haya dramatizado (piénsese, como un botón de muestra, en el cambio que se ha impuesto en el modo de dar la información meteorológica) y que se haya aceptado una manera de dar las noticias más atractiva o más llamativa. El aumento de las noticias sobre crímenes y actos violentos guarda relación con esa explotación de las posibilidades expresivas del medio.

4.2. Emotividad y sensacionalismo

Lo que podíamos denominar discurso televisivo supone un reto. El lenguaje audiovisual, como ya hemos indicado anteriormente, juega con la ventaja de que resulta más atractivo que el impreso. Por encima de cualquier elemento, la imagen se convierte en algo esencial: si no hay imagen no hay noticia. Del mismo modo, una buena imagen se convierte en contenido del programa informativo por la belleza o el impacto que produce. Todas estas manifestaciones muestran cómo las categorías que hemos de emplear para entender ese lenguaje no pueden ser las mismas que las aplicadas tradicionalmente al medio impreso y al periodismo en general.

La clave del mensaje audiovisual está en el elemento emotivo que es componente fundamental del que no se puede prescindir, pues sería desconocer los mecanismos psicológicos que se disparan automáticamente cuando cualquier persona contempla imágenes atractivas o, en menor medida, escucha unos sonidos agradables. Dominar ese lenguaje, por lo tanto, requiere comprender cómo se pueden y se deben manejar esas emociones.

En la contraposición que se hace habitualmente entre raciocinio y emotividad, tiende a valorarse al primero como más propio de la persona y la segunda se presenta más cercana a la faceta menos elevada, la más animal. De ahí que no reciba buena consideración quien argumenta desde las emociones. Lo propio sería que quien quisiera comunicar algo hiciera primar la racionalidad por encima de lo sentimental. Esta explicación no deja de ser simplista en cuanto que los procesos psíquicos no se pueden distinguir de una forma tan nítida, como si un aspecto suprimiera al otro. La unidad de la persona no significa anulación de la faceta emotiva, sino que esta es la propia de un ser racional.

La consideración de los productos audiovisuales televisivos desde esta perspectiva de enfrentamiento entre racionalidad y emocionalidad se ha interpretado en términos de manipulación interesada. Cuando se presenta la realidad en una noticia, por ejemplo, subrayando los aspectos más emocionales cabe suponer que se está intentando mostrar aquello que más pueda conmover y que apele a instintos inferiores. Por eso, se percibe como una manera de deformar la realidad, de engañar.

El término que en España se ha popularizado para referirse a esos excesos ha sido el de "telebasura". Muestra el rechazo que suele producir contemplar unos recursos degradantes, que solo sirven para rebajar el nivel intelectual de la audiencia. Se ha asociado a otra expresión también muy empleada: dictadura de las audiencias. La competencia entre las cadenas ha degenerado en una lucha por acaparar el primer lugar en los resultados de los audímetros. La programación televisiva ha quedado marcada por esta situación y ha parecido casi inevitable caer en la sutil tentación de ir a lo más fácil, a lo que es más llamativo, a lo que levanta pasiones.

Hay quien explica el sensacionalismo en términos de inadecuación entre contenido e imagen, es decir sería sensacionalista aquel mensaje en el que la forma, como imagen, se impone al contenido de la noticia. En este modo de entender las peculiaridades del mensaje televisivo se cae en la simplificación de suponer que la imagen no es un contenido. Posiblemente sería más acertado plantear como sensacionalista aquel mensaje en el que lo emocional cobra más protagonismo que lo racional. De esta forma, sería sensacionalista y manipuladora aquella estrategia que buscase que los elementos emocionales predominen por encima de una explicación desapasionada de lo sucedido. En el último capítulo trataremos de esto con más detalle.

Elementos gráficos y uso de estadísticas

Las estadísticas avanzadas han revolucionado el análisis deportivo, permitiendo una comprensión más profunda del rendimiento de los atletas y equipos. Con herramientas como las estadísticas NextGen, que utilizan inteligencia artificial y sensores de seguimiento, se obtiene información detallada sobre movimientos, velocidad y eficiencia táctica. Este desarrollo ha supuesto un cambio en el modo de atender a las actividades deportivas, ya que entrenadores, analistas y aficionados ahora interpretan el juego con datos más precisos. Además, los medios de comunicación incorporan estos análisis en sus transmisiones, enriqueciendo la experiencia del espectador y aportando un enfoque más técnico y especializado.

1. La belleza y la plasticidad del deporte

Hablar de belleza en el deporte supone adentrarse en una dimensión que trasciende lo físico y lo funcional para conectar con aspectos filosóficos y estéticos profundos. El deporte, más allá de ser una actividad saludable y formativa, ofrece momentos de extraordinaria armonía y destreza que pueden conmover incluso a los más indiferentes. Una zambullida perfecta, un gol imposible o un "home run" inesperado no solo son gestas atléticas: son manifestaciones de lo sublime en movimiento. Sin embargo, esta admiración legítima por la forma y el rendimiento corporal abre también interrogantes relevantes sobre los límites del cuerpo en el deporte profesional. ¿Hasta qué punto podemos exigirle al cuerpo en nombre del espectáculo o del éxito? ¿Y dónde trazamos la línea entre la excelencia y la obsesión?

Byung-Chul Han desarrolla y emplea la expresión "tsunami estético" en su obra *La salvación de lo bello* publicada en 2015. Este ensayo filosófico analiza cómo la estética contemporánea ha eliminado la negatividad –el daño, la aspereza, lo imperfecto– en aras de una belleza pulida, lisa y "segura". Al hacerlo, Han advierte contra un bombardeo incesante de imágenes estéticas, un verdadero "tsunami", que arrasa con la resistencia, la vulnerabilidad y la experiencia estética auténtica.

Vivimos en una cultura en la que el culto al cuerpo ha desplazado otras dimensiones del ser, y donde el gimnasio parece ocupar el lugar de antiguos templos. Este fenómeno plantea la necesidad de revalorizar la belleza no como perfección impuesta, sino como expresión de salud, disciplina y humanidad. Desde Platón, la belleza ha estado ligada al bien, y el deporte puede considerarse una de sus expresiones más visibles: cuerpos entrenados que no solo impresionan por su apariencia, sino por la voluntad y la constancia que los sostienen.

Admirar estos cuerpos es celebrar lo humano en su máxima expresión física, pero también implica reconocer el sacrificio y el compromiso que implican. Negar la belleza que emerge de la práctica deportiva sería ignorar uno de los vínculos más poderosos entre arte, ética y movimiento. En ese sentido, el deporte no es un espectáculo superficial, sino una forma de arte viviente que nos invita a reflexionar sobre nuestros propios límites, deseos y valores.

Hablar de belleza en el deporte implica abordar una dimensión que va más allá de lo físico y funcional, para explorar aspectos estéticos y filosóficos que revelan la profundidad de la experiencia humana. El deporte, además de ser una actividad saludable y formativa, genera instantes de armonía, destreza y equilibrio que conmueven y fascinan. Acciones como una zambullida precisa, un gol inverosímil o un lanzamiento perfecto trascienden lo técnico y se convierten en expresiones de lo sublime en movimiento.

No obstante, esta admiración por el cuerpo atlético plantea interrogantes significativos: ¿hasta qué punto es legítimo exigir al cuerpo en nombre del rendimiento? ¿Cuál es el límite entre la superación y la explotación? En el ámbito profesional, estas preguntas adquieren una especial urgencia.

En el "tsunami estético" contemporáneo la apariencia física ha desplazado el reconocimiento del esfuerzo. En una cultura que idolatra la imagen, el gimnasio se convierte en símbolo de devoción corporal. Frente a esta tendencia, es necesario recuperar una noción más equilibrada de la belleza: aquella que reconoce la disciplina, la constancia y la salud como sus fundamentos.

Desde la antigüedad clásica se ha vinculado la belleza con el bien. En este sentido, el deporte representa una manifestación concreta de esa unión: no solo cuerpos atractivos, sino también voluntades firmes. Admirar estos cuerpos es valorar la expresión de una ética del esfuerzo. Así, el deporte se revela no como mero espectáculo, sino como un arte en movimiento que refleja y cuestiona los valores de nuestra sociedad.

2. Recursos visuales

En el periodismo en general, los elementos gráficos o visuales complementan y enriquecen la narración. Facilitan la comprensión de datos complejos –como estadísticas, tácticas o cronologías–, capturan momentos clave y transmiten emociones que refuerzan la conexión del público con el evento. Además, en un entorno saturado de información, atraen la atención, dinamizan el contenido y ofrecen una experiencia más completa, atractiva y accesible para audiencias diversas.

En el Periodismo Deportivo estos elementos son fundamentales para complementar la información escrita, captar la atención del lector y facilitar la comprensión de datos y acontecimientos deportivos. Estos son los principales elementos gráficos que se utilizan:

1. Fotografías: reflejan la emoción del deporte (celebraciones, momentos cruciales, derrotas), aportan contexto visual al texto. A menudo se acompañan de pies de foto que añadan emoción.

2. Infografías: resumen de información compleja de forma visual (estadísticas, trayectorias de jugadores, evolución de un partido), pueden incluir gráficos de barras, líneas de tiempo, mapas de calor, etc., muy útiles en coberturas de eventos largos (Juegos Olímpicos, mundiales, campeonatos).

3. Gráficos estadísticos habituales: barras, tortas, líneas, comparativas entre jugadores, equipos o temporadas, muestran tendencias, rendimientos y datos históricos.

4. Tablas: resultados de partidos, clasificaciones de ligas, rankings.

5. Caricaturas y viñetas: aportan un toque humorístico o crítico, usadas en columnas de opinión o secciones especiales.

6. Mapas: localización de eventos deportivos, recorridos de carreras (maratones, ciclismo), distribución de aficiones o análisis geográfico.

7. Representaciones tácticas: esquemas de alineaciones y formaciones, explicación de jugadas y estrategias, muy valoradas en análisis previos o posteriores a partidos.

8. GIFs y videos: Complementan el texto y retienen la atención del lector. En medios digitales, permiten ver repeticiones, momentos clave.

Todos estos elementos no son exclusivos de lo deportivo, pero qué duda cabe de que este ámbito ofrece más posibilidades por esa plasticidad que comentamos. Piénsese en posibles infográficos como los ejemplos siguientes: historia de los récords olímpicos en los 100 metros lisos, con una línea de tiempo con los nombres de los atletas y sus tiempos, mostrando la progresión a lo largo de las décadas; comparativa de palmarés entre Messi y Cristiano Ronaldo con visualización con íconos de trofeos (Balones de Oro, Champions League, ligas nacionales, goles, etc.); recorrido del Tour de Francia con mapa del trayecto con señalización de etapas de montaña, esprints, contrarreloj, etc.; análisis de una jugada clave; gráfico tipo "táctico" con las posiciones de los jugadores, flechas para indicar desplazamientos y pases, evolución de una lesión; anatomía del cuerpo humano con zonas afectadas, fases de recuperación y tiempo estimado de baja.

3. Potencial desarrollo estadístico

3.1. El análisis de los datos

La analítica deportiva surgió con discreción a finales del siglo XX, percibida en sus inicios con escepticismo por los sectores más tradicionales del deporte. Entrenadores y directivos acostumbrados a confiar en la intuición y la experiencia la miraban con desconfianza, como si los datos fuesen incapaces de aportar algo que no se percibiera desde el banquillo. Sin embargo, la revolución digital del siglo XXI transformó radicalmente ese panorama. La analítica pasó de ser una curiosidad académica a convertirse en una herramienta imprescindible para la toma de decisiones estratégicas en el alto rendimiento.

Su objetivo principal no es simplemente acumular cifras, sino convertir grandes volúmenes de datos en conocimiento útil. Desde patrones de juego y estadísticas individuales, hasta el estado físico, la carga de entrenamiento o el bienestar psicológico de los atletas, la analítica ofrece una radiografía completa del rendimiento deportivo. Su precisión permite detectar debilidades, prevenir lesiones y optimizar entrenamientos, todo en tiempo real.

3.2. Las novedades en el manejo de los datos

En los últimos años, la creciente intensidad de la competencia ha hecho que los márgenes de mejora sean cada vez más estrechos. En ese contexto, la analítica representa una ventaja competitiva clave. Superando métodos obsoletos basados únicamente en la observación o el esfuerzo físico extremo, el análisis de datos permite diseñar estrategias personalizadas con base científica.

Esta transformación no es una moda pasajera. Al contrario, representa un cambio estructural en la manera de entender, planificar y ejecutar el deporte profesional. La analítica deportiva ha dejado de ser una curiosidad técnica para convertirse en una herramienta imprescindible en la toma de decisiones. Hoy, ignorar los datos es renunciar voluntariamente a una parte fundamental del rendimiento y de la ventaja competitiva. Equipos, entrenadores y deportistas que integran el análisis estadístico en sus rutinas cuentan con información más precisa sobre su estado físico, sus fortalezas, debilidades y patrones de juego.

En este nuevo paradigma, el conocimiento cuantitativo no sustituye la experiencia ni la intuición, sino que las complementa, proporcionando una base sólida y objetiva sobre la cual actuar. La analítica permite prever riesgos, optimizar recursos y anticiparse al rival. Por ello, se ha consolidado como uno de los pilares del deporte contemporáneo, tan indispensable como el talento, la estrategia o la disciplina.

3.3. La aplicación de los datos

La empresa Catapult representa uno de los casos más ilustrativos de cómo la tecnología ha transformado radicalmente el deporte profesional en el siglo XXI. Fundada oficialmente en 2006 en Melbourne, Australia, como resultado de una colaboración entre el Instituto Australiano del Deporte y centros de investigación, esta compañía surgió con el objetivo de aplicar la ciencia de datos al rendimiento deportivo. Desde entonces, ha evolucionado de forma exponencial: de ser una "startup" local a convertirse en un referente global en tecnología deportiva. Su misión, declarada con convicción, es "liberar el potencial de cada atleta y equipo del mundo". Aunque esta afirmación pueda parecer ambiciosa, lo cierto es que su impacto en la élite del deporte es innegable.

Catapult ha diseñado dispositivos portátiles que permiten recoger y analizar una enorme cantidad de datos en tiempo real: velocidad, distancia recorrida, aceleraciones, impactos, cargas físicas e incluso patrones de fatiga. Esta información no solo permite optimizar entrenamientos, sino también prevenir lesiones y planificar estrategias con base científica. Además, la empresa ha democratizado parte de su tecnología a través de Catapult One, una versión accesible para atletas no profesionales, extendiendo así su alcance a categorías juveniles, amateurs e incluso a usuarios particulares interesados en el seguimiento de su rendimiento físico.

El crecimiento de Catapult ha seguido una estrategia mixta: desarrollo interno y adquisición de empresas tecnológicas más pequeñas. Este enfoque ha consolidado su posición como líder en el análisis deportivo, tanto dentro como fuera de la cancha. En el campo, los datos sirven para identificar fortalezas, debilidades y patrones de juego, mientras que fuera de él ofrecen información valiosa para la gestión del negocio deportivo, desde la planificación de plantillas hasta la optimización de ingresos comerciales.

La revolución de los datos en el deporte no es una tendencia pasajera, sino un cambio de paradigma. La analítica deportiva ha permitido convertir cifras abstractas en decisiones concretas que afectan al rendimiento individual y colectivo. La famosa película *Moneyball* (2011) popularizó este enfoque, mostrando cómo el análisis estadístico podía ser determinante en la planificación de un equipo de béisbol. Desde entonces, esta metodología se ha extendido a prácticamente todas las disciplinas: fútbol, baloncesto, rugby, ciclismo, natación, entre muchas otras.

Los avances tecnológicos han hecho que la recopilación de datos sea cada vez más sencilla y precisa. Equipos profesionales pueden simular partidos, estudiar al rival en detalle o ajustar tácticas basándose en escenarios previstos por modelos predictivos. La inteligencia artificial y el aprendizaje automático, cada vez más integrados en estos sistemas, permiten anticipar comportamientos y tomar decisiones con menor margen de error. Esta capacidad de previsión se ha convertido en un activo invaluable.

Además del plano técnico y táctico, el análisis de datos también ha transformado el ámbito económico y mediático del deporte. Las apuestas deportivas, por ejemplo, se han sofisticado gracias al acceso masivo a información cuantificable y a herramientas estadísticas que permiten modelar probabilidades con gran exactitud. En el ámbito del periodismo, los medios han adaptado sus formatos para incluir estadísticas avanzadas, visualizaciones gráficas, comparativas históricas y análisis pormenorizados que enriquecen la cobertura de los eventos deportivos.

Una de las vertientes más especializadas de este campo es la llamada Sabermetrics, impulsada en el entorno académico estadounidense, y centrada en el análisis riguroso del béisbol. Sus métodos han sido progresivamente adoptados por otras disciplinas, con el objetivo de maximizar el rendimiento deportivo en función del presupuesto disponible. Se trata, en esencia, de una gestión racional de recursos: optimizar el rendimiento por cada dólar invertido.

La influencia del análisis de datos en el deporte contemporáneo crece a un ritmo constante. Su presencia ya no se limita a los despachos técnicos o a los laboratorios universitarios. Forma parte de la narrativa diaria de los medios, de las decisiones de marketing, del entrenamiento personalizado y de la planificación estratégica a largo plazo. En resumen, el análisis deportivo es hoy un elemento imprescindible en la gestión integral del deporte profesional. Lejos de ser un complemento, se ha consolidado como uno de los pilares que sustentan la evolución moderna del juego: desde el vestuario hasta la sala de prensa, desde el "scout" de un joven talento hasta la optimización de una temporada entera.

4. Las ligas fantásticas

La historia de los juegos de fantasía se remonta al siglo XIX, cuando el aburrimiento era un problema real. El juego de mesa Sebring Parlor Base Ball de 1866 permitía a los participantes simular juegos empujando monedas en ranuras de madera. Era como el juego Fifa de la época, pero con más astillas.

4.1. Cómo nacieron

Las ligas fantásticas han revolucionado la forma en que se vive el deporte, al permitir que los aficionados asuman el rol de directores técnicos, sin necesidad de pisar un estadio o levantar la voz desde la banda. En este formato de competición, no existen partidos reales entre los equipos participantes. En su lugar, cada usuario –o manager virtual– construye su equipo ideal eligiendo jugadores reales, pero compitiendo en una liga imaginaria. Cada jugador tiene un valor de mercado y los participantes deben respetar un presupuesto limitado, simulando la lógica de gestión deportiva del mundo profesional, pero con menos ceros en las cifras.

Al final de cada jornada, los jugadores reciben puntuaciones en función de su rendimiento en los partidos reales. Estas se acumulan y determinan la clasificación en la liga fantástica. El sistema no solo fomenta la participación activa de los aficionados, sino que también se ha convertido en una potente herramienta de fidelización y marketing para medios deportivos, que ven cómo los usuarios siguen estadísticas y noticias con atención renovada.

El origen de estas ligas se remonta al periodo posterior a la Segunda Guerra Mundial. Wilfred "Bill" Winkenbach, empresario de Oakland, desarrolló uno de los primeros sistemas con el golf como protagonista. Más tarde, en 1960, el sociólogo William Gamson propuso una liga académica basada en estadísticas de béisbol, que inspiró a Daniel Okrent, creador de la primera Rotisserie League en 1976, nombrada así por el café donde se reunían los participantes.

Durante las décadas siguientes, estas competiciones se expandieron a universidades, medios y organizaciones deportivas. En 1982, **USA Today** incorporó una sección dedicada exclusivamente a las ligas fantásticas, marcando un punto de inflexión. Lo que comenzó como un pasatiempo de entusiastas de las estadísticas se transformó en un fenómeno periodístico y deportivo.

4.2. Las ligas fantásticas en Estados Unidos

Nacido en la década de 1920, Bill Winkenbach fue un exitoso hombre de negocios y un ávido entusiasta de los deportes. Su amor por los deportes, en particular el béisbol y el fútbol americano, lo llevó a explorar formas de mejorar la experiencia de los aficionados y acercar a las personas a los juegos que apreciaban. No sabía que sus ideas darían forma a toda una industria y cambiarían para siempre la forma en que los fans interactúan con los deportes.

En 1962, Winkenbach, junto con sus amigos Bill Tunnel y Scotty Stirling, fundaron la liga de deportes de fantasía conocida como Greater Oakland Professional Pigskin Prognosticators League (GOPPPL). Inicialmente, la liga se centró en el fútbol, y los participantes actuaban como propietarios de equipos, reclutaban jugadores de la vida real para sus equipos de fantasía y competían entre sí en función del desempeño real de sus jugadores en el campo. Nació el concepto innovador del fútbol de fantasía.

El éxito de la GOPPPL y la creciente popularidad del fútbol de fantasía llamaron la atención de los aficionados al deporte en todo el país. El concepto de Winkenbach se difundió y cada vez más personas se unieron a ligas y participaron en la naturaleza interactiva y competitiva de los deportes de fantasía. No pasó mucho tiempo para que el fútbol de fantasía se convirtiera en un fenómeno que trascendió los límites del "fandom" casual.

La influencia de Winkenbach se extendió más allá de la creación del GOPPPL. También fue coautor de un libro titulado *La guía oficial del fútbol de fantasía* en 1963, que sirvió como una guía completa para los entusiastas del fútbol de fantasía. El libro proporcionó estrategias detalladas, sistemas de puntuación e información sobre el análisis de jugadores, consolidando el estatus de Winkenbach como pionero en el mundo de los deportes de fantasía.

El béisbol de fantasía, apodado "Roto", se hizo popular, a pesar de las dificultades de compilar estadísticas a mano, lo que fue un inconveniente inicial para la participación. Okrent atribuye la rápida difusión de la idea al hecho de que la liga inicial fue creada por periodistas deportivos y le dijo a **Vanity Fair** en 2008 que "la mayoría de nosotros en la liga estábamos en los medios y obtuvimos mucha cobertura de prensa esa primera temporada". En la segunda temporada, hubo ligas en cada palco de prensa de las Grandes Ligas. Según Okrent, el encuentro de periodistas de béisbol brindó la oportunidad de escribir sobre material relacionado con el béisbol durante la huelga de las Grandes Ligas de 1981. Como indica más adelante, "los escritores que cubrían el béisbol no tenían nada sobre qué escribir, por lo que comenzaron a escribir sobre los equipos que habían reunido en sus propias ligas. Y eso fue lo que lo popularizó y lo difundió muy ampliamente".

Antes de la llegada de Internet, los deportes de fantasía crecieron a través de publicaciones impresas, como revistas y periódicos. En 1987, Ian Allan y Bruce Taylor lanzaron **Fantasy Football Index**, la primera revista nacional dedicada al fútbol de fantasía. **Fantasy Sports Magazine** debutó en 1989 como la primera publicación regular que cubre más de un deporte de fantasía.

En 1990, se lanzó un par de juegos de fantasía a nivel nacional, Dugout Derby y Pigskin Playoff, en una variedad de periódicos de todo Estados Unidos, incluidos **Arizona Republic**, **Hartford Courant**, **Los Angeles Times** y **Miami Herald**. Los jugadores eligieron sus equipos llamando a un número de teléfono gratuito e ingresando códigos de cuatro dígitos para cada una de sus selecciones de jugadores. Los juegos sirvieron como una versión temprana de los deportes de fantasía diarios de hoy al recompensar con premios a los participantes con mayor puntuación de cada semana.

En 1993, se lanzó la revista **Fantasy Football Weekly**. También ese año, **USA Today** añadió un columnista semanal de béisbol de fantasía, John Hunt. Hunt inició una liga entre personalidades del deporte llamada Liga de Realidad Alternativa de Béisbol, que primero incluyó a Peter Gammons, Keith Olbermann y Bill James, entre otros.

Esto llevó consigo que en el año 1998 se creara la asociación Fantasy Sports Trade Association. Esta asociación lo que intenta es convertirse en una entidad que sirva para regular e incluir dentro de sus socios a todos aquellos que quieren fomentar nuevas ligas, modalidades. Vela por los intereses de las ligas fantásticas, a fin de evitar que se den fraudes. Ya hemos mencionado la presencia de las ligas en **USA Today** desde los 80. En 1999 **yahoo.com** incorporó información y ofreció participar gratis.

4.3. Los cambios propiciados por Internet

Un gran factor de crecimiento de los deportes de fantasía fue el auge de Internet y de las computadoras personales, a mediados de los años 90. La nueva tecnología permitió la participación de más personas, ya que las estadísticas podían ahora ser rápidamente compiladas en línea, y las noticias e información pasaron a estar al alcance de todos.

Se han popularizado las ligas de los principales deportes profesionales y ha sido enorme el impacto de Internet. El crecimiento de Internet durante la década de 1990 trajo un "amplio cambio demográfico en la participación en deportes de fantasía", porque permitió a los participantes en deportes de fantasía descargar instantáneamente estadísticas tabuladas, en lugar de tener que buscar puntuaciones de juegos individuales en los periódicos y realizar un seguimiento de las estadísticas acumuladas. en papel.

A principios de octubre de 1995 Molson Breweries lanzó un sitio web de hockey de fantasía que se haría muy popular. El sitio, parte de la estrategia de la compañía denominada "I am online" permitía a sus visitantes registrarse y participar en ligas de hockey de nueve equipos, en la que el visitante sería el mánager general de uno de esos equipos. El mánager debía armar su equipo de un listado de jugadores de la NHL, y podía hacer transacciones con otros equipos de la Liga. El sitio incluía varias funcionalidades, y fue premiado en el International Digital Media Awards como el mejor sitio web de 1995.

Los negocios de fantasía comenzaron a emigrar a Internet a partir de la mitad de los años noventa. En 1997, aparecieron los sitios **commissioner.com** (hoy parte de CBSSPorts.com) y **rotonews.com**.

El crecimiento de los deportes de fantasía atrajo a grandes medios de Internet, como veremos más adelante.

Mientras que los deportes de fantasía fueron estimulados por el boom "punto. com" del Internet, hubo un período turbulento en el que muchas de las grandes compañías de Internet entraron en quiebra en el 2001. **fanball.com** cayó en bancarrota en 2001 para después reemerger en 2002). Broadband Sports, la compañía que creó **rotonews.com**, salió del negocio en 2001. La compañía más tarde volvería como **rotowire.com**.

Los dos "websites" más destacados han sido: **commissioner.com** y **rotonews.com**. En el primer informe que se hizo sobre los participantes en las ligas fantásticas, se encontró que había unos 30.000 integrantes.

Un caso destacable es Daily Fantasy Sports, que, en realidad, es una casa de apuestas, en la que las apuestas se hacen sobre ligas fantásticas.

4.4. Los medios de comunicación

Como ya hemos visto, el desarrollo y la consolidación de las ligas fantásticas como fenómeno cultural y comercial a gran escala no puede entenderse sin la participación activa de los medios de comunicación. Periodistas, en especial del ámbito deportivo, comenzaron a involucrarse en estas ligas desde los primeros años. Daniel Okrent, considerado el creador del béisbol de fantasía tipo "Rotisserie", trabajaba en medios, lo que facilitó que colegas suyos comenzaran a escribir sobre el tema. Un ejemplo fundamental fue el artículo publicado en 1980 por **The New York Time**s titulado "What George Steinbrenner is to the American League, Lee Eisenberg is to the Rotisserie League", que introdujo este universo al gran público y provocó su expansión hacia cadenas como CBS y otras grandes plataformas.

Durante la década de 1980, también el fútbol de fantasía comenzó a afianzarse. En 1987 apareció *Fantasy Football Index*, la primera guía dedicada por completo a este juego. Dos años más tarde se fundó *Fantasy Sports Magazine*, la primera publicación regular que cubría múltiples deportes de fantasía. En 1993, **USA Today** contrató al periodista John Hunt, quien escribía semanalmente sobre béisbol de fantasía y se convirtió en una figura clave antes de la llegada de Internet.

El verdadero salto digital ocurrió a mediados de los años noventa. ESPN lanzó en 1995 su primer juego de béisbol de fantasía basado íntegramente en la web. Ese mismo año, Molson Breweries presentó su plataforma de hockey de fantasía, dentro de su estrategia publicitaria "Soy canadiense". El sitio ofrecía ligas de nueve equipos, datos actualizados de la NHL y contenido del Salón de la Fama del Hockey. Esta iniciativa integraba deporte, entretenimiento y comunidad digital de forma pionera.

A finales de esa década, el ecosistema de las ligas fantásticas se multiplicó. CBS Sports comenzó a ofrecer ligas de fútbol de fantasía en 1997, y nacieron sitios emblemáticos como RotoWire (entonces Rotonews). Yahoo dio un giro clave en 1999 al ofrecer su producto de fútbol de fantasía de forma gratuita, lo que le permitió superar a competidores que aún mantenían modelos de pago. Algunas empresas, como CBS, pasaron del modelo gratuito de pago en 2002, intentando adaptarse a un mercado cada vez más competitivo.

La formación en 1998 de la Fantasy Sports Trade Association (hoy Fantasy Sports & Gaming Association) marcó otro momento clave: la industria comenzaba a organizarse, regularse y reconocerse como un sector económico. En 2003, esta asociación estimaba que más de 15 millones de personas participaban en ligas de fantasía en Estados Unidos y Canadá.

Con la llegada del 2000, los deportes de fantasía dejaron de ser una afición de nicho para convertirse en un fenómeno de masas. Según un estudio de la NFL en 2002, los usuarios que jugaban a fútbol de fantasía veían más partidos que los aficionados promedio. Este descubrimiento llevó a la liga a incorporar contenidos específicos en su web y a producir anuncios dirigidos a este público. Las reticencias iniciales de las grandes ligas deportivas comenzaron a desvanecerse cuando se hizo evidente que las ligas de fantasía aumentaban la audiencia televisiva y el compromiso de los fans.

En paralelo, surgieron los Daily Fantasy Sports (DFS), versiones aceleradas de las ligas tradicionales, con competiciones que podían durar apenas un día. Estos juegos, en los que los participantes pagan una tarifa de inscripción y compiten por premios en efectivo, iniciaron una nueva fase de la industria. DraftKings y FanDuel, fundadas en 2012 y 2009 respectivamente, lideran hoy este mercado, respaldadas por importantes inversiones de capital y estrategias de marketing agresivas.

A lo largo de dos décadas, los deportes de fantasía han crecido hasta convertirse en una industria multimillonaria. Según cifras de la Fantasy Sports Trade Association, en 2003 generaban más de 1500 millones de dólares al año, con un gasto promedio de 150 dólares por jugador. La historia de las ligas fantásticas es, por tanto, un caso ejemplar de cómo una idea nacida entre amigos, combinada con medios, tecnología e innovación, puede transformar profundamente la forma en que consumimos y participamos en el deporte.

4.5. El caso europeo

En Europa la idea de fútbol "fantasy" (en italiano "Fantacalcio") fue introducida en 1990 en Italia en ese mismo año.

Fantacalcio es el nombre del famoso juego de fútbol *fantasy* (fantasía) nacido en Italia, inspirado en los "fantasy sports" estadounidenses. Fue ideado por Riccardo Albini, un periodista deportivo italiano, a fines de los años 80.

Albini se inspiró en el modelo del Rotisserie Baseball estadounidense, que conoció a través de revistas de la época. La primera liga de Fantacalcio se jugó en la temporada 1988-89 entre Albini y un grupo de amigos en Milán. En 1990, Albini publicó el libro *Fantacalcio. Il gioco del calcio reale*, que formalizaba las reglas. El juego se popularizó enormemente en los 90, sobre todo gracias al periódico **La Gazzetta dello Sport**, que publicó suplementos y tableros de resultados dedicados al Fantacalcio.

El Fantacalcio se volvió un fenómeno de masas en Italia. Es casi una tradición para millones de aficionados que compiten entre amigos, compañeros de trabajo o en ligas públicas "on line". Hoy existen decenas de sitios y apps oficiales y no oficiales para gestionarlo.

Riccardo Albini no solo fue el creador de Fantacalcio sino que también trabajó en otros proyectos editoriales y de juegos, pero es sobre todo recordado por haber "importado" y adaptado la idea del "fantasy sport" al fútbol italiano.

Conocemos más de lo que pasó en Gran Bretaña. Allí Andrew Wainstein introdujo el fútbol de fantasía en el Reino Unido en 1991, liderando la Fantasy League durante tres décadas, mientras establecía el concepto en la cultura futbolística generalizada.

A través de cambios sísmicos en los medios y la tecnología, se trataba de crear un negocio que fuera capaz de adaptarse y evolucionar; desarrollando formatos de periódicos, radio, televisión y juegos digitales para socios como BBC, **The Daily Telegraph**, Sky Sports, Barclays y Vodafone.

Wainstein se Inspiró tras la celebración un partido de béisbol de fantasía que le mostró un amigo de la familia que vivía en Estados Unidos. Se dio cuenta de que el fútbol aún tenía que aprovechar al máximo las estadísticas de la misma manera que los deportes estadounidenses. En 1991, el año antes del lanzamiento de la Premier League, se dedicó a compilar una base de datos de jugadores de primer nivel, que podría usarse para un juego de fantasía.

"El impulso fue simplemente una especie de entusiasmo por el fútbol", dijo Wainstein, que en aquel momento era un programador informático de 25 años que vivía en casa. "Yo era un gran fan del fútbol; obviamente es, de lejos, el deporte número uno en el Reino Unido y simplemente pensé: 'La gente es tan obstinada y apasionada al respecto; las estadísticas tal vez sean un poco básicas, pero podría funcionar".

"A Wainstein le llevó unos cuatro meses idear un sistema de puntuación para su juego Fantasy League. Los defensores y porteros serían recompensados por la portería a cero, mientras que los goles marcados eran otra métrica fácil, también introdujo el concepto de asistencias (el pase antes de que se marque un gol) siguiendo el ejemplo del baloncesto".

El juego resultó ser un éxito. La primera versión en la temporada 1991-92 atrajo entre 600 y 700 jugadores que formaban parte de 80 ligas. Pero los números de participación realmente comenzaron a despegar cuando se hizo referencia regular al juego en un nuevo programa de BBC Radio 5 Live.

Wainstein trabajó con el periódico **The Daily Telegraph** para crear la primera versión para el mercado británico en enero de 1994 y el interés se vio avivado aún más por el programa de televisión "Fantasy Football League", presentado por los comediantes y futuros escritores del himno de los fans de Inglaterra "Three Lions", David Baddiel y Frank Skinner, que presentaba un personaje llamado "Statto" en el molde del creador del juego, un papel que Wainstein rechazó.

Esto resultó ser un punto de inflexión a medida que la popularidad del juego se disparó. De una circulación total de aproximadamente 900.000 ejemplares, Wainstein estima que 350.000 lectores del **Telegraph** se suscribieron a la versión del periódico. Según Peter Suchet, entonces director del departamento de marketing deportivo del veterano diario, el primer ganador fue un chico de 14 años que obtuvo dos entradas para cualquier partido de fútbol: eligió una final de copa en Brasil.

Otros periódicos tomaron nota y comenzaron a producir sus propias versiones, algunos mostrando más esfuerzo que otros, y hubo otro cambio radical cuando

Wainstein lanzó la primera versión en línea de su juego en 1996. Significaba que los fans ya no tenían que depender del teléfono. líneas o máquinas de fax para impulsar las sustituciones, pero también marcó el final de los días "mágicos" del juego analógico. La Premier League hizo lo mismo, con su versión oficial lanzada en la temporada 2002-03.

En estos momentos, gracias a Internet y a su expansión mundial, fútbol fantasy ha pasado de ser un entretenimiento futbolístico a un negocio a gran escala.

4.6. La experiencia en España

El fútbol "fantasy" en España echó a rodar oficialmente en 1994 con la creación de la Liga Fantástica MARCA, un hito pionero en la relación entre tecnología, periodismo y afición deportiva. En aquellos años previos al auge de Internet, los participantes enviaban sus alineaciones semanales por correo postal o fax a la redacción del diario deportivo. Aquella logística artesanal reflejaba tanto el fervor por el fútbol como los límites técnicos de la época. Los managers virtuales disponían de un presupuesto de 2500 millones de pesetas para confeccionar su equipo en un clásico 4-4-2, con restricciones como un máximo de tres jugadores extranjeros por plantilla y no más de dos futbolistas del mismo club, lo que añadía un componente estratégico significativo.

El éxito fue inmediato: miles de solicitudes colapsaban las oficinas, en una demostración de la pasión con la que los aficionados vivían esta nueva dimensión del deporte. Algunos jugadores estrella consumían casi la mitad del presupuesto, y los cambios de alineación, que con el tiempo también podían hacerse por teléfono, se convirtieron en una tarea semanal para los fans. En 2002, con la llegada de Internet y la televisión interactiva de Vía Digital, el formato se adaptó parcialmente a las nuevas tecnologías, aunque el fervor inicial había disminuido ligeramente.

El verdadero giro llegó en 2007 con la irrupción de Comunio en España, tras haberse consolidado en Alemania y Austria. Su llegada marcó un nuevo ciclo para el fútbol "fantasy": accesibilidad total vía web, ligas privadas, mercado de fichajes en tiempo real y una comunidad activa y creciente. Le siguieron plataformas como Futmondo, Biwenger y la renovada Liga Fantasy MARCA, que modernizaron el formato original y lo adaptaron al uso masivo de smartphones y redes sociales.

Hoy, la fantasía futbolística en España es un fenómeno completamente digitalizado, con millones de usuarios, interacciones constantes y aplicaciones móviles que permiten gestionar equipos en cualquier momento. Lo que comenzó como un juego de papel y fax se ha transformado en una industria consolidada, donde estrategia, pasión y tecnología conviven para dar nueva vida a la experiencia del fútbol. La Liga

Fantástica MARCA fue el germen de un universo que, tres décadas después, sigue evolucionando y conectando a millones de aficionados con su deporte favorito.

4.7. La industria de las ligas fantásticas

La industria de los deportes de fantasía ha experimentado un crecimiento exponencial en las últimas décadas, consolidándose como un fenómeno económico, cultural y social de gran magnitud. En mayo de 2015, la consultora australiana IBISWorld reveló que el sector movía alrededor de 2 mil millones de dólares anuales, con un crecimiento sostenido del 10,7% y generando empleo para cerca de 4400 personas en casi 300 empresas. Ese mismo año, la Fantasy Sports Trade Association (FSTA, hoy FSGA) estimó que más de 57 millones de personas mayores de 12 años participaban en ligas de fantasía solo en Estados Unidos y Canadá.

Este crecimiento también se reflejó en las previsiones financieras. En septiembre de 2015, Forbes y Eilers Research proyectaban que los deportes de fantasía diarios generarían 2600 millones de dólares en cuotas de inscripción, con un crecimiento anual previsto del 41%, lo que situaría el volumen de negocio en 14.400 millones de dólares en 2020. El impacto económico y la magnitud del público participante hacían imposible ignorar el fenómeno.

DraftKings y FanDuel, dos de las principales plataformas de deportes de fantasía diarios, protagonizaron una guerra de marketing sin precedentes en 2015, con anuncios constantes en televisión durante la temporada de la NFL. Su ascenso fue respaldado por inyecciones de capital procedentes de importantes ligas deportivas como la MLB y la NBA, así como por acuerdos de patrocinio con equipos de la NFL y la NHL. Incluso propietarios de franquicias como los Dallas Cowboys y los New England Patriots invirtieron en estas plataformas, legitimando aún más el sector.

La legalidad de los deportes de fantasía diarios fue durante un tiempo motivo de controversia, especialmente por su similitud con las apuestas deportivas. Sin embargo, la decisión del Tribunal Supremo de Estados Unidos en 2018, que permitió a los estados regular las apuestas deportivas, despejó buena parte de las dudas legales y dio luz verde a la expansión del sector.

Las cifras muestran el impacto masivo de esta actividad. En 2016, la industria alcanzó los 7220 millones de dólares, según la Fantasy Sports & Gaming Association, o FSGA en siglas. El número de jugadores en Estados Unidos y Canadá pasó de medio millón en 1988 a más de 59 millones en 2017. En 2019, casi 46 millones de adultos estadounidenses participaban en ligas de fantasía, representando el 19% de la población adulta del país. El perfil del jugador típico era el de un hombre joven, blanco, soltero, con empleo a tiempo completo e ingresos estables.

El fútbol americano de la NFL domina el panorama estadounidense, practicado por casi el 80% de los participantes. Le siguen el béisbol, el baloncesto, el hockey sobre hielo y el fútbol ("soccer"). Este predominio responde, en parte, a la naturaleza estadística y episódica del fútbol americano, que lo convierte en un formato ideal para el juego.

La expansión global no se quedó atrás. En Reino Unido, la Premier League impulsó el crecimiento del fútbol de fantasía. En India, el fenómeno explotó con plataformas como Dream11, alcanzando los 100 millones de jugadores estimados en 2020. Incluso disciplinas como el cricket encontraron su espacio, destacando el caso de ESPN Super Selector, que fue un éxito en países del sur de Asia.

La FSGA, fundada en 1998, ha sido la principal organización que representa los intereses de la industria. Su papel ha sido clave en la profesionalización del sector, junto con la creación en 2004 de la Fantasy Sports Writers Association, dedicada a periodistas especializados. Ambos organismos han contribuido a estructurar un ecosistema que combina entretenimiento, estrategia, análisis estadístico y, en algunos casos, apuestas.

En definitiva, los deportes de fantasía han evolucionado de pasatiempo de nicho a fenómeno global con repercusiones económicas y sociales notables. Lejos de ser una moda pasajera, se han consolidado como una nueva forma de consumir deporte, redefiniendo la relación entre los aficionados y las competiciones tradicionales.

Cuestiones éticas específicas del periodismo deportivo

La ética en el Periodismo Deportivo es la misma que se exige al periodismo en general y al deporte: respeto por la verdad, imparcialidad y responsabilidad. Un periodismo con ética es, en esencia, buen periodismo, ya que garantiza información veraz y justa. La ética no es un criterio añadido tras elaborar la noticia, sino que está en el origen mismo de la acción comunicativa. Desde la selección de fuentes hasta la difusión del contenido, el periodista debe actuar con integridad. Respetar la verdad es fundamental para mantener la credibilidad y el compromiso con la audiencia y el deporte.

Antes de entrar en el caso específico del Periodismo Deportivo, es conveniente hacer unas consideraciones generales que pueden ser útiles para avanzar con este tema.

Ha de entenderse que la ética está en el inicio de cualquier actividad humana. Hay que atender a cómo define el Diccionario de la RAE en la 4ª acepción de la palabra ética: conforme con las normas que una persona tiene sobre el bien y el mal. El bien y el mal están en el núcleo originario, porque la intención y la decisión de quien actúa son lo primero. Por eso no cabe que falte este elemento y tampoco sería correcto pensar que todo esto se entiende como si fuera un factor externo, como si lo ético sobreviniera una vez que se da la actuación y se incorporara para convertirse en la última instancia.

Lo anterior se debe complementar con otra idea, la de actuación virtuosa. Si volvemos a consultar el Diccionario de la Real Academia de la Lengua, la 6ª acepción es: disposición de una persona para obrar, de acuerdo con determinados proyectos e ideales, al bien, la verdad, la justicia y la belleza. Una virtud está relacionada con esos valores que se plantean como objetivos que se quiere alcanzar.

Por lo tanto, un comportamiento ético debe ser virtuoso, ha de buscar el bien, la verdad, la justicia y la belleza. Si se rechaza alguno de esos valores, no se actúa virtuosamente, ese comportamiento ha de calificarse como no ético. En esta línea debe tenerse en cuenta que los códigos de buenas prácticas no son una colección de actuaciones que se consideran inadecuadas, pues lo que están indicando es que los profesionales han de defender unos valores y, por el contrario, rechazar unos modos de actuar que van contra ellos.

1. Los temas éticos del periodismo en general

Como ya se ha indicado anteriormente, en varias ocasiones, el Periodismo Deportivo es ante todo periodismo. Las peculiaridades que se presenta no atañen a la esencia misma de la actividad periodística y por eso será un periodismo de calidad, de acuerdo a la deontología profesional, en la medida que responda a unos estándares periodísticos de calidad.

Si bien puede haber cierta discusión acerca de cómo medir esa calidad periodística, hay un consenso en el ámbito profesional de qué son buenas y malas prácticas. Estas son las que se recogen en los códigos de ética.

Por poner un ejemplo, se incluyen a continuación algunas prácticas del código deontológico de la FAPE (Federación de Asociaciones de Periodistas de España), que puede servir como referencia de la labor adecuada que deben mantener los periodistas deportivos.

1.1. Código Deontológico de la FAPE

(Aprobado en Asamblea Ordinaria celebrada en Sevilla el día 27 de noviembre de 1993 y actualizado en Asamblea Ordinaria celebrada en Mérida el día 22 de abril de 2017. Esta entidad antes se denominaba "Federación de Asociaciones de la Prensa de España").

"En su virtud, la Asamblea General de la Federación de Asociaciones de la Prensa de España promulga los siguientes principios y normas deontológicas de la profesión periodística:

I – PRINCIPIOS GENERALES

(...)

3. De acuerdo con este deber, el periodista defenderá siempre el principio de la libertad de investigar y de difundir la información y la libertad del comentario y la crítica.

4. Sin perjuicio de proteger el derecho de los ciudadanos a estar informados, el periodista respetará el derecho de las personas a su propia intimidad e imagen.

5. El periodista debe asumir el principio de que toda persona es inocente mientras no se demuestre lo contrario y evitar al máximo las posibles consecuencias dañosas derivadas del cumplimiento de sus deberes informativos. Tales criterios son especialmente exigibles cuando la información verse sobre temas sometidos al conocimiento de los Tribunales de Justicia.

6. Los criterios indicados en los dos principios anteriores se aplicarán con extremo rigor cuando la información pueda afectar a menores de edad. En particular, el periodista deberá abstenerse de entrevistar, fotografiar o grabar a los menores de edad sobre temas relacionados con actividades delictivas o incluibles en el ámbito de la privacidad.

7. El periodista extremará su celo profesional en el respeto a los derechos de los más débiles y los discriminados. Por ello, debe mantener una especial sensibilidad en los casos de informaciones u opiniones de contenido eventualmente discriminatorio o susceptibles de incitar a la violencia o a prácticas humanas degradantes".

Además de esta selección de buenas prácticas, conviene mencionar las características específicas que presenta el Periodismo Deportivo que no se contemplan en los códigos generales.

1.2. Situaciones relacionadas con el dinero

Existe un código internacional que orienta el trabajo de los periodistas deportivos: el de la Associated Press Sports Editors (APSE). Uno de sus temas centrales aborda una cuestión delicada: el "pago en especie", es decir, esos beneficios no monetarios que pueden comprometer la imparcialidad profesional. Desde cubrir gastos hasta ofrecer entradas VIP, existen múltiples formas en las que se puede influir –de forma directa o sutil– en la objetividad del periodista deportivo.

También se advierte sobre las amenazas a la independencia profesional. Aunque se aborde con ligereza la participación en jurados, el panorama se complica cuando entran en juego fenómenos como las ligas fantásticas, cuyo creciente peso económico ha comenzado a afectar las fronteras entre el rol del periodista y el de un gestor o aficionado involucrado.

Aquí se presentan los principios éticos fundamentales de la APSE, disponibles en su sitio web oficial (*https://apsportseditors.com/apse-ethics-guidelines/*):

1. El periódico debe asumir todos los gastos relacionados con la cobertura.
   a. Si el periodista viaja en un vuelo chárter organizado por un equipo, el medio está obligado a pagar ese asiento. Si no hay factura, debe estimarse un costo equivalente al de un vuelo comercial.

   b. Cuando el medio utilice servicios proporcionados por un equipo profesional o universitario (teléfono, computadora, fax, etc.), debe reembolsarse el coste íntegro. La independencia profesional tiene un valor ético, pero también contable.

2. Evitar conflictos de interés reales o percibidos.

   a. Los periodistas no deben actuar como anotadores oficiales en partidos que cubren.

   b. Está prohibido colaborar con guías de medios oficiales de equipos o ligas, o con cualquier otra publicación institucional.

   c. En caso de participar en programas de radio o televisión, la prioridad ética sigue siendo el periódico, sin excepción.

3. No aceptar regalos, descuentos ni beneficios no autorizados.

   a. Solo se permiten obsequios simbólicos o aquellos accesibles para el público general.

   b. Si un regalo no puede devolverse, debe donarse a una causa benéfica.

   c. No se deben aceptar membresías gratuitas ni el uso sin costo de instalaciones deportivas, a menos que sea necesario para una cobertura informativa concreta.

   d. Los editores deben conocer tanto las normas internas como los códigos éticos de sus asociaciones, incluyendo los riesgos del patrocinio corporativo de fuentes.

4. Las entradas gratuitas deben limitarse a las estrictamente necesarias para realizar el trabajo.

   No se aceptan invitaciones generales ni privilegios especiales. Solo las credenciales indispensables.

5. Precaución con votaciones y premios.

   La redacción debe valorar cuidadosamente si participar en votaciones de premios o selecciones de "All-Stars" puede representar un conflicto de intereses.

6. Rigurosidad informativa y transparencia.

Es obligatorio conocer los estándares en el uso de fuentes anónimas y en la verificación de información de terceros. Si se utiliza contenido de otra fuente, debe indicarse claramente al lector. La atribución debe ser transparente y comprobable.

7. Asignaciones basadas en mérito.

Las tareas deben distribuirse atendiendo únicamente a criterios profesionales. Ni la raza ni el género deben influir en estas decisiones.

Por último, estas pautas no pretenden cubrir todos los escenarios posibles. Se espera que cada profesional actúe con sentido común y criterio ético ante situaciones no previstas. Al final, la ética reside tanto en las normas como en la conciencia personal.

2. Acerca del uso de las fuentes en el Periodismo Deportivo

2.1. Aspectos básicos

El periodista deportivo, como cualquier profesional de la información, se enfrenta constantemente a dilemas éticos en su relación con las fuentes. En un entorno donde las fronteras entre la información, el espectáculo y los intereses económicos se difuminan, mantener la integridad profesional resulta esencial. Aidan White, fundador del Ethical Journalism Network, propone una serie de criterios éticos fundamentales para regular el trato con las fuentes periodísticas. Se trata de una guía útil y necesaria, especialmente en el ámbito del Periodismo Deportivo, donde las relaciones personales y las presiones externas pueden comprometer la independencia editorial.

El primer principio ineludible es la transparencia. El periodista debe ser claro respecto a sus intenciones y los términos de la entrevista. No se trata solo de declarar la identidad del medio al que representa, sino de establecer una relación honesta, sin dobles intenciones ni malentendidos. La fuente debe comprender plenamente si sus declaraciones serán registradas "off the record", "on background" o "not for attribution". La confusión en este punto puede generar conflictos serios, tanto legales como éticos. Un deportista debería tener una ficha por una cuantía conocida y la fuente que aporta el dato no debería ocultar intenciones ocultas que le beneficien.

Un segundo criterio clave es la protección de las fuentes vulnerables. En el ámbito deportivo, esto puede incluir a menores de edad, personas en situación de desventaja o individuos que se exponen a represalias por revelar información. El periodista debe evaluar cuidadosamente si la fuente comprende las consecuencias de sus palabras y actuar, si es necesario, para proteger su identidad. Este principio no es solo una muestra de responsabilidad profesional, sino también un mandato reconocido por el derecho internacional, con organismos como la ONU y el Consejo de Europa señalando la protección de las fuentes como un componente esencial de la libertad de prensa.

Las redacciones deben establecer protocolos internos para garantizar esta protección. Algunas organizaciones, como la National Public Radio (NPR) de Estados Unidos, incluyen en sus contratos cláusulas que prohíben compartir notas, grabaciones o materiales de trabajo con autoridades sin el conocimiento expreso del medio. Esta práctica protege no solo a las fuentes, sino también la credibilidad del periodista y del medio en general.

El dilema más complejo, sin embargo, surge cuando se plantea la posibilidad de revelar una fuente. En estos casos, el periodista debe realizar un análisis ético profundo: ¿a quién beneficia esta revelación? ¿A quién perjudica? ¿Existe un interés público real y tangible que justifique romper el compromiso de confidencialidad? ¿Pueden las autoridades obtener esta información por otros medios? ¿Se pondrá en riesgo el trabajo de otros periodistas? Estas preguntas ayudan a valorar el impacto de una decisión que no debe tomarse a la ligera. No es extraño que un agente de jugadores aporte información interesada y debe evaluarse la conveniencia o no de darla a luz.

En última instancia, la relación con una fuente exige equilibrio, prudencia y principios firmes. La cercanía excesiva puede nublar el juicio. La distancia crítica es necesaria para garantizar la veracidad, fundamento esencial del periodismo. Como recuerda el viejo principio de la profesión: "No te acerques demasiado a la fuente". Solo así se puede preservar la independencia y servir realmente al interés público.

2.2. Inapropiada cercanía a la fuente

En el ejercicio del periodismo, especialmente en áreas sensibles como el deporte, es fundamental mantener una distancia profesional con las fuentes.

A veces, sin advertirlo, los periodistas establecen vínculos personales demasiado estrechos con aquellos a quienes deben interrogar y fiscalizar. Estas relaciones, aunque cómodas, generan una ambigüedad peligrosa: la cercanía puede nublar el juicio y debilitar el compromiso con la verdad. Las fuentes poderosas, por su parte, no son neutrales; actúan según sus intereses y agendas. Aceptar su versión sin un proceso riguroso de verificación supone cruzar una línea roja ética y compromete la independencia editorial del medio.

Cuando se prioriza la relación personal sobre la función periodística, se abre la puerta a la corrupción informativa, ya sea por omisión, por complacencia o por silencio. La integridad profesional exige distancia crítica, transparencia y, sobre todo, una lealtad inquebrantable al interés público.

En tiempos de competencia radiofónica no es extraño que los medios periodísticos deportivos tomen partido por un equipo o un deportista en una polémica. Se dan más cabida a los argumentos de una parte y se critican los de la otra. Una emisora procura acercarse a uno de los enfrentados, para que la conexión de los aficionados crezca en función de la simpatía o rechazo que el interesado suscite. El estar de parte de Nadal, por ejemplo, plantea la tentación de menospreciar a Jokovic.

2.3. Fuentes anónimas

El anonimato es un derecho fundamental para quienes enfrentan riesgos reales al compartir información, no un privilegio para quienes buscan ocultar intereses personales o manipular el discurso público. Víctimas de violencia, menores de edad, denunciantes en entornos laborales hostiles o personas vulnerables merecen protección. Para ellos, el anonimato no solo es justificable, sino indispensable. En cambio, otorgarlo a quienes lo reclaman con fines estratégicos o por conveniencia puede comprometer la integridad del periodista y la credibilidad del medio.

Por ello, antes de conceder el anonimato, el periodista debe analizar cuidadosamente la motivación de la fuente. Es fundamental evitar convertirse en vehículo de intereses ajenos que desvirtúen la información. También conviene evaluar si existen otras maneras de sustentar la noticia sin necesidad de ocultar identidades. El anonimato debe aplicarse solo cuando se hayan agotado otras fuentes y recursos. Aquí hay que considerar lo que sucede cuando se anuncian fichajes o intereses de equipos por un jugador y se toma como referencia filtraciones de un agente.

Además, es importante considerar la trayectoria de la fuente: su historial y fiabilidad son clave para decidir si su testimonio puede ser tomado en cuenta sin revelar su nombre. Finalmente, incluso si se protege su identidad, el periodista debe ofrecer al lector el máximo contexto posible, sin comprometer la seguridad de la fuente. La transparencia, en todo caso, sigue siendo una obligación ética ineludible.

2.4. Medios sociales y contenidos generados por los usuarios

En la era digital, la velocidad con la que circula la información impone un reto mayúsculo al periodismo: verificar antes de publicar. Rumores, imágenes sacadas de contexto y declaraciones falsas pueden viralizarse en segundos, comprometiendo la credibilidad del medio y alimentando la desinformación. El periodista, y especialmente el periodista deportivo inmerso en entornos de alta emocionalidad, debe actuar con cautela y método.

Las fuentes digitales exigen un escrutinio riguroso. Corroborar la procedencia de una imagen o vídeo –su lugar, fecha y hora– es esencial para evitar manipulaciones. Confirmar la originalidad del contenido, revisar la fiabilidad del perfil que lo difunde y establecer contacto directo con la fuente ayudan a asegurar que la información es auténtica. La triangulación, es decir, verificar los datos con múltiples fuentes independientes, refuerza la veracidad de la cobertura. Volvemos a lo dicho sobre fichajes.

Además, el respeto por los derechos de autor y la claridad sobre las condiciones de uso son aspectos éticos y legales que no pueden pasarse por alto. Frente a noticias de última hora, la tentación de publicar rápidamente debe ser contrarrestada con responsabilidad: la precipitación puede dañar más que la demora.

Los consejos de Aidan White y los cinco objetivos de formación ética propuestos por The Hastings Center –imaginar moralmente, reconocer dilemas, analizar, asumir responsabilidades y tolerar la ambigüedad– son herramientas indispensables. En un entorno cargado de pasión como el deportivo, el periodista debe mantenerse firme en su compromiso con la verdad, sin dejarse arrastrar por la euforia ni por la presión de la inmediatez.

3. Afición y equidad, difícil acuerdo

En el universo del Periodismo Deportivo, la objetividad no es solo una exigencia profesional, sino un campo de batalla permanente. Enfrentarse a la crónica de un partido sin que interfieran las emociones, las lealtades o los afectos es uno de los mayores desafíos para quienes escriben sobre deporte. Cuando la camiseta propia –o la del equipo nacional– está en juego, el equilibrio entre la emoción y la equidad se vuelve frágil, casi ilusorio. En ese ring simbólico, el periodista debe pelear contra sus propias inclinaciones, consciente de que la imparcialidad no es una opción: es una obligación ética.

Históricamente, como se ha explicado anteriormente, se ha defendido una visión del periodismo como una práctica neutral, objetiva, capaz de ofrecer una representación fiel de los hechos. Pero esa visión –heredera de un racionalismo rígido– resulta insuficiente cuando se aplica al deporte, un ámbito cargado de emociones, símbolos, identidades y rivalidades. La idea de que el periodista puede actuar como un mero observador desapasionado, al margen del fervor que mueve a jugadores y espectadores, ha demostrado ser poco realista. Una crónica deportiva escrita con frialdad quirúrgica sería tan inadecuada como una nota judicial cargada de adjetivos incendiarios.

Por ello, más que negar las emociones, el periodista deportivo debe aprender a gestionarlas éticamente. La emoción no es enemiga de la veracidad, siempre que se integre con responsabilidad. La clave está en diferenciar la emoción como recurso narrativo de la parcialidad como sesgo informativo. Es legítimo transmitir la intensidad de un partido o la conmoción ante una lesión grave, pero es inaceptable disfrazar la opinión como hecho o minimizar errores flagrantes solo porque los cometió "nuestro" equipo.

El Periodismo Deportivo, además, opera en un ecosistema mediático plural, donde conviven medios serios, populares, institucionales y partidarios. Cada uno con sus propios códigos, estilos y audiencias. No todos los textos deportivos tienen la misma función: hay espacio para el análisis riguroso, para la crónica apasionada e incluso para la ironía o el humor. Lo que no puede perderse nunca es la integridad profesional del periodista, que debe distinguir entre la legítima expresión de emociones y el riesgo de convertirse en propagandista.

Hoy sabemos que la información no se limita a "reflejar" la realidad, sino que también la construye. Las noticias se producen, se seleccionan y se presentan bajo criterios editoriales que incluyen elementos subjetivos. No hay relato periodístico absolutamente neutro, pero sí puede haber un compromiso inquebrantable con la honestidad, la verificación y la transparencia.

Por eso, en el Periodismo Deportivo, la ética no consiste en reprimir las emociones, sino en saber conducirlas con rigor. Ser consciente de los límites, cuestionar los propios sesgos y actuar con responsabilidad profesional en un terreno donde la pasión lo impregna todo. En definitiva, el reto no es eliminar la emoción, sino lograr que no eclipse la verdad. Porque solo así, el periodista deportivo podrá ejercer su oficio con credibilidad, respeto y conciencia.

4. El sensacionalismo tolerable

4.1. El Nuevo Periodismo

El llamado Nuevo Periodismo, surgido en Estados Unidos en los años sesenta del siglo XX, marcó un punto de inflexión en la manera de concebir y practicar el oficio periodístico. Inspirado en los movimientos contraculturales de los años sesenta, este enfoque apostó por romper con los moldes tradicionales y explorar nuevas formas de narrar la realidad. Sus exponentes más destacados, como Tom Wolfe, Truman Capote o Gay Talese, propusieron un periodismo narrativo que incorporaba herramientas propias de la literatura, con el objetivo de captar no solo los hechos, sino también la profundidad emocional y contextual de las historias.

Esta corriente fue, en muchos sentidos, una respuesta crítica al periodismo institucionalizado, considerado por sus detractores como una extensión del poder económico y político. Frente a la rigidez del lenguaje informativo y la pretendida objetividad impersonal, el Nuevo Periodismo apostó por una escritura más cercana, subjetiva y estilísticamente rica, donde el periodista ya no era una figura invisible, sino parte activa del relato.

Los reportajes dejaron de medirse únicamente por su precisión informativa para valorar también su calidad narrativa. La forma adquirió un protagonismo inédito, al servicio de un fondo igualmente riguroso. Esta evolución reintrodujo la emoción en el periodismo, devolviendo el pulso humano a las páginas de la actualidad. Así, el periodista se transformó en contador de historias reales, capaz de conmover y provocar reflexión, sin renunciar al compromiso con la verdad. Fue, sin duda, una revolución estilística que sigue influyendo en la práctica periodística contemporánea.

Como se puede comprobar, estas ideas aparecen bien plasmadas en las crónicas deportivas coloristas a las que aludíamos en un capítulo anterior.

4.2. La emocionalidad en el lenguaje audiovisual

En las últimas décadas, los medios audiovisuales –particularmente la televisión y la radio– han transformado profundamente el panorama informativo, modificando tanto el contenido como la forma en que consumimos noticias. Al igual que la prensa escrita en su momento, estos medios nacieron con una finalidad técnica, pero pronto adquirieron una función social determinante: informar, emocionar y entretener a través de nuevos lenguajes y formatos. En sus inicios, imitaron los modelos tradicionales del periodismo impreso, con boletines radiofónicos similares a los diarios y presentadores televisivos herederos del estilo de la radio. Sin embargo, con el tiempo, desarrollaron su propia identidad, fundamentada en el poder de la imagen y el sonido.

La televisión, en particular, ha jugado un papel central en esta evolución. Su lenguaje visual y su capacidad para generar emociones inmediatas la convirtieron en un medio sin precedentes. En este nuevo modelo, la imagen no es solo soporte del contenido, sino contenido en sí misma. Una fotografía impactante, una grabación de un desastre natural o una secuencia deportiva electrizante tienen la capacidad de construir narrativas sin necesidad de palabras. Esta autonomía de la imagen obliga a repensar los esquemas tradicionales del periodismo, dominados históricamente por el texto y la explicación racional.

En la batalla por captar la atención del público, la televisión apostó desde el inicio por un estilo emocionalmente cargado. La narrativa monocorde y analítica de la prensa escrita fue reemplazada por una exposición vibrante, repleta de efectos visuales, música y montaje. La emoción se convirtió en la nueva herramienta de conexión con el espectador. Sin embargo, esta emocionalidad, tan efectiva para generar impacto, también encierra peligros evidentes: la manipulación emocional y el sensacionalismo.

El sensacionalismo televisivo, lejos de ser un fenómeno marginal, ha encontrado formas sofisticadas de legitimarse. A menudo se disfraza de dramatización informativa o de puesta en valor de lo visual, pero en esencia supone una inadecuación entre forma y contenido: se otorga un tratamiento espectacular a hechos que no lo merecen o se exagera el componente emocional en detrimento de la explicación objetiva. Así, lo emocional eclipsa lo racional, y la imagen, cuando no se ajusta al contenido, puede deformar la percepción del hecho informativo.

Algunos estudios han señalado que los contenidos televisivos más impactantes no son necesariamente los más relevantes desde un punto de vista informativo, sino los más eficaces a la hora de generar una respuesta emocional inmediata. Es el caso de los desastres naturales, accidentes o tragedias personales. Estos temas, aunque no siempre tengan un valor político o social central, dominan los informativos por su capacidad de conmover y fidelizar audiencias. La televisión, en consecuencia, ha aprendido a dirigir emocionalmente a su audiencia, como si de una orquesta se tratara, eligiendo qué sentimiento provocar: compasión, temor, alegría o indignación.

El uso del espectáculo como recurso ha generado tres caminos distintos. En el primero, la televisión aprovecha acontecimientos que son espectáculos en sí mismos: competiciones deportivas, ceremonias, celebraciones. Aquí, el medio no distorsiona el contenido, sino que lo amplifica. En el segundo, la televisión crea sus propios espectáculos, como concursos, "realities" o tertulias, concebidos para ser atractivos desde su origen. En este caso, la construcción del contenido parte de su potencial para entretener. En el tercero –el más polémico–, la televisión convierte hechos comunes en espectáculos, recurriendo a la exageración, la selección interesada de testimonios o la promoción de personajes mediáticos sin profundidad ni rigor. Es el ámbito del entretenimiento disfrazado de información, donde la forma prevalece por completo sobre el fondo.

Este tercer modelo, ampliamente criticado por académicos y profesionales, representa el punto más problemático del periodismo audiovisual contemporáneo. El uso deliberado de técnicas de edición, encuadre y relato para magnificar lo banal y minimizar lo complejo termina por distorsionar la función informativa del medio. El periodista, en estos casos, deja de ser un mediador de la realidad para convertirse en un guionista al servicio del espectáculo.

Aun así, es injusto demonizar el componente emocional "per se". Las emociones no son lo opuesto a la razón, sino una parte integral del ser humano. Comunicar a través de las emociones no implica renunciar al rigor ni a la verdad, siempre que exista un compromiso con la honestidad narrativa. El desafío está en equilibrar emoción y contenido, forma y fondo, impacto y profundidad.

Los medios audiovisuales, por tanto, deben asumir su doble poder: el de informar y el de conmover. Pero ese poder supone una gran responsabilidad. En un contexto donde la imagen lo domina todo, el periodismo audiovisual debe resistir la tentación del espectáculo vacío y reivindicar su misión esencial: contar el mundo tal como es, con sensibilidad, pero también con verdad.

4.3. El Periodismo Deportivo, ¿sensacionalismo blanco?

Aunque es comprensible que muchos medios deportivos adopten un tono cercano a la afición, asumiendo incluso el papel de "uno más" en la grada, esta estrategia entraña riesgos significativos para la objetividad y la equidad informativa. La frontera entre el entusiasmo del hincha y el deber profesional del periodista es tenue y, si se cruza, se debilita la credibilidad del mensaje.

Dentro del ámbito del entretenimiento, es fundamental evitar tratamientos frívolos o irrespetuosos hacia rivales, jugadores o instituciones. El humor no puede utilizarse como excusa para la burla o la humillación, ya que ello contradice principios básicos de justicia y respeto. La información deportiva debe ser rigurosa, aunque se exprese con cercanía.

Igualmente es criticable el uso del optimismo desmedido como recurso editorial. Inflar expectativas, especialmente al inicio de una competición, puede ser una forma sutil de manipulación emocional, que distorsiona la percepción del público y desvirtúa la función informativa del periodismo.

Además, resulta irresponsable fomentar el fervor extremo de los aficionados con mensajes que "calientan" los partidos de manera artificial. La pasión debe canalizarse, no explotarse.

La relación entre afición y objetividad seguirá siendo un equilibrio delicado. El periodista deportivo tiene la responsabilidad de ejercer su labor con integridad, incluso en medio de la emoción.

En todo caso, hay que indicar que el Periodismo Deportivo no es un sensacionalismo al uso. Cabe diferenciar distintos recursos que existen para emplear esta técnica. Unos tienen que ver, en el caso del periodismo, con la presentación, con lo formal. En este caso se incluyen los colores chillones, el uso nervioso de la cámara, los sonidos llamativos por estridentes, etc. Pero hay otra forma que tiene que ver con el contenido informativo y se concreta en esa fórmula de que el reportaje o la noticia debe contener: sangre, sexo y/o violencia.

La información deportiva no suele ser sensacionalista en cuanto al contenido; no hace falta insistir en todos los valores positivos que suele poseer. Sí que cabe que el pacto de lectura que se establece con los aficionados a quienes se dirige emplee recursos formales sensacionalistas. Aunque el término no es de uso común, cabría calificar al Periodismo Deportivo como una modalidad de sensacionalismo blanco.

Bibliografía

BERGANZA, M. Rosa, *Periodismo especializado*. Ediciones Internacionales Universitarias. Madrid 2005.

CAMACHO MARKINA, I, *La especialización en el periodismo*. Comunicación Social. Sevilla 2010.

FERNÁNDEZ DEL MORAL, Javier. *Periodismo especializado*, Ariel, Madrid 2004.

LLANO, R. *La especialización periodística*. Tecnos, Madrid. 2008.

PANIAGUA SANTAMARÍA, P. *Información deportiva: especialización, géneros y entorno digital*. Madrid, Fragua 2003.

ROJAS TORRIJOS, José Luis (coord.), *Periodismo Deportivo de Manual*. tirant humanidades, Valencia 2017.

SÁNCHEZ ARANDA, J.J. *Comunicación emocional*, Genesis Publishing, 2025.

WASHBURN, Patrick Scott, *Sports journalism: a history of glory, fame, and technology*. University of Nebraska Press, Lincoln 2020.